J.B. METZLER

Die Sprache der Zeichen

Illustrierte Geschichte

Christian Schön

J.B. Metzler Verlag

Seite 2: Ampel an einer belebten Londoner Straßenkreuzung: Lichtzeichenanlagen, die den Verkehrsfluss regeln, arbeiten gewöhnlich mit einfachen Lichtsignalen, denen eine klare Bedeutung zugeordnet ist. Wie das Bild zeigt, können sie dennoch manchmal schwer verständlich sein und müssen erst aufwendig von uns interpretiert werden.

EINLEITUNG: DIE SPRACHE DER ZEICHEN

Was sind Zeichen?

Wollen wir verstehen, was Zeichen überhaupt sind, ist es zunächst hilfreich, wenn wir uns einige Beispiele aus dem Alltag vor Augen führen. Die bekannteste Erscheinungsform von Zeichen ist sicherlich die gesprochene und geschriebene Sprache, die nahezu jeder von uns tagtäglich nutzt, um sich mit anderen über die Welt und sich selbst auszutauschen. Allerdings handelt es sich bei sprachlichen Zeichen nur um eine besondere Form von Zeichen, der man viele weitere an die Seite stellen kann. Eine andere Form sind etwa die Verkehrszeichen: Mithilfe von Zahlen, Bildern oder Symbolen weisen diese die Verkehrsteilnehmer auf bestimmte Regeln, Gefahren und Verbote im Straßenverkehr hin. Auch die Spuren, die Tiere im Sand, im Schnee oder im Erdreich hinterlassen, sind Zeichen, die beispielsweise von Spurenlesern wie Jägern gelesen werden können. Früher nutzten Indianerstämme Rauchzeichen, um über eine große Distanz hinweg Botschaften zu übermitteln. Astrologen wiederum verstehen Sternbilder als Zeichen, die Aussagen über den Charakter von Menschen und ihre Zukunft zulassen. Und in der Medizin werden Symptome als Zeichen verstanden, die auf Krankheiten hinweisen.

Diese Beispiele zeigen eine der charakteristischen Funktionen von Zeichen: Sie sind Hilfsmittel, die uns zur Verständigung, Orientierung und Erkenntnis dienen. Im antiken Verständnis der Zeichen klang darum immer etwas von »Enthüllung« und »Offenbarung« mit an. Der Umgang mit ihnen ist eines der wesentlichen Merkmale, die die Menschen zu dem machen, was sie sind. Seit frühesten Zeiten nutzen wir Zeichen, um eine Vorstellung von uns und von den Dingen zu entwickeln, die uns umgeben. So erzählen einige der ältesten erhaltenen Zeichen, die Höhlenmalereien von Lascaux, von vergangenen Jagdszenen, die vor Tausenden von Jahren stattfanden. Zeichen dienen uns aber ebenso dazu, miteinander zu kommunizieren, gemeinsame Pläne zu schmieden oder über Gegenstände zu spekulieren, die sich unserer direkten Wahrnehmung entziehen: über die Vergangenheit und die Zukunft ebenso wie über Götter, Geister, Dämonen oder Einhörner.

Zeichen lassen sich damit ganz grundsätzlich als etwas verstehen, das mit der *Vermittlung von Bedeutung* zu tun hat. Wenn wir uns in diesem Buch mit der Sprache der Zeichen beschäftigen, geht es deshalb nicht ausschließlich darum, zu erfassen, was Zeichen sind und in welchen Lebensbereichen sie vorkommen. Eine wichtige oder gar die wichtigste Frage ist, wie sie interpretiert werden können. Die Wissenschaft der Zeichen, die Semiotik (von gr. *sēmeîon*, »Zeichen«), befasst sich in erster Linie mit ebendieser Deutung von Zeichen: Warum haben beispielsweise in der Mode bestimmte Kleidungsstücke ihre ganz spezifische Form? Was bedeuten diese Formen und was sagen sie über ihre Träger aus? Oder warum sehen bestimmte Faustkeile aus der Steinzeit so aus, wie sie aussehen? Lässt sich daraus etwas über das Leben der Menschen damals ableiten?

Insbesondere bei sprachlichen Zeichen werden wir dabei sehen, dass sie und ihre Bedeutung entscheidend von Regeln bestimmt sind – so wird unsere Sprache und Kommunikation durch verschiedene Regelwerke auf ganz unterschiedlichen Ebenen reguliert: In Wörterbüchern können wir sehen, welche Bedeutung die einzelnen Wörter haben. In Büchern über Grammatik wiederum finden wir die Regeln, nach denen die Wörter einer Sprache in sinnvolle Zusammenhänge gebracht werden können. Darüber hinaus gibt es Verhaltensregeln, die im Rahmen eines gesitteten Gesprächs oder in einem bestimmten Kontext wie bei einem Bewerbungsgespräch einzuhalten sind. Diese Regeln sind allerdings keine Gesetze, die von einer zentralen Stelle herausgegeben werden. Es handelt sich vielmehr um Gepflogenheiten, die sich im Laufe der Zeit etabliert haben und die sich mit der Zeit auch wieder ändern. Es gibt keinen Zwang, sich an alle diese Regeln zu halten, aber sie zu kennen ist

Detail einer Höhlenmalerei in Lascaux, das einen verwundeten Mann, einen verwundeten Bison und ein Wollnashorn zeigt (jüngere Altsteinzeit)

unentbehrlich, wenn man verstehen oder verstanden werden will – oder wenn man mit ihnen spielen will, wie zum Beispiel der Schweizer Schriftsteller Peter Bichsel: In seiner Kurzgeschichte *Ein Tisch ist ein Tisch* (1969) führt er vor, was passiert, wenn man die herrschenden Regeln der Sprache bricht. Sie erzählt von einem alten Mann, der sich langweilte und sein Leben unbedingt verändern wollte. Da es sich nicht von selbst änderte, fing er einfach an, den Dingen andere Namen zu geben:

Zu dem Bett sagte er Bild.
Zu dem Tisch sagte er Teppich.
Zu dem Stuhl sagte er Wecker.
Zu der Zeitung sagte er Bett.
Zu dem Spiegel sagte er Stuhl.
Zu dem Wecker sagte er Fotoalbum.
Zu dem Schrank sagte er Zeitung.
Zu dem Teppich sagte er Schrank.
Zu dem Bild sagte er Tisch.
Und zu dem Fotoalbum sagte er Spiegel.

Also: Am Morgen blieb der alte Mann lange im Bild liegen, um neun läutete das Fotoalbum, der Mann stand auf und stellte sich auf den Schrank, damit er nicht an den Füßen fror, dann nahm er seine Kleider aus der Zeitung, zog sich an, schaute in den Stuhl an der Wand, setzte sich dann auf den Wecker an den Teppich, und blätterte den Spiegel durch, bis er den Tisch seiner Mutter fand.

Die Geschichte endet traurig: Schon bald verstand nur noch der Mann selbst, was er sagte, und vergaß darüber seine eigentliche Sprache. Gäbe es keine allgemeingültigen Regeln, keine Konventionen, wäre es für uns also schwer, uns mitzuteilen und über die Welt auszutauschen, in der wir miteinander leben.

Die Grenzen der Zeichen

Wenn man sich das Spektrum dessen ansieht, was alles unter den Begriff des Zeichens fällt, drängt sich schnell die Frage auf: Gibt es eigentlich etwas, das kein Zeichen ist? Diese Frage gehört zu den schwierigsten Fragen der Semiotik, da nahezu alles zum Gegenstand eines Zeichenprozesses werden kann. Jeder Gegenstand, jedes Geschehen, jede Erscheinung, jede noch so kleine Geste kann als Zeichen verstanden und gewissermaßen »gelesen« werden. Selbst das Licht, das aus den entferntesten Winkeln des uns bekannten Universums zur Erde dringt, wird zum Zeichen für Astronomen. Diese messen und bewerten die elektromagnetischen Signale, aus denen die »Lichtzeichen« bestehen, nach wissenschaftlichen Methoden, und ihre Ergebnisse dienen dazu, unser Bild und unsere Vorstellung vom Universum zu formen.

Innerhalb der Semiotik gibt es unterschiedliche Meinungen, ob und wie scharf die Grenze zwischen den Zeichen und den Nichtzeichen gezogen werden muss. Schauen wir uns dazu das Beispiel des Rauchs an: Entwickelt ein Feuer einfach nur Rauch, ist

Dieser Überrest einer Supernova im Sternbild Zwillinge (IC 443) zeigt eine Sternexplosion an, die Schätzungen nach vor 3000 bis 30 000 Jahren stattfand; Aufnahme des NASA-Weltraumteleskops WISE.

er für manche Semiotiker nichts weiter als ein Naturereignis. Erst wenn der Rauch, wie es zum Beispiel Indianer taten, gezielt eingesetzt wird, um Informationen zu übertragen, erhält er eine Bedeutung und kann als Zeichen verstanden werden. Andere Semiotiker sind hingegen der Meinung, dass der Rauch selbst dann ein Zeichen ist, wenn es niemanden gibt, der ihm mit einer bestimmten Intention eine bestimmte Form gibt. Dieses Zeichen besagt dann schlicht, dass es an der Stelle, wo der Rauch herkommt, brennt. Dies ist ebenfalls eine Art Mitteilung, deren Bedeutung zu verstehen wichtig ist und sogar über Leben und Tod entscheiden kann. Wie wir noch sehen werden, lässt sich in beiden Fällen auch von verschiedenen Zeichenklassen sprechen.

Ein Bereich, der eine klare Grenze der Welt der Zeichen markiert, ist das Reich der Ideen, Begriffe und Vorstellungen. Am Beispiel eines Dreiecks kann man sich diese Grenze gut verdeutlichen. So können Dreiecke zwar mit dem Wort »Dreieck« benannt und mit einer dreieckigen geometrischen Form dargestellt werden, aber dies sind lediglich Versuche, Dreiecke zu repräsentieren. Dreiecke selbst existieren in der Welt nicht. Sie kann es per Definition nicht geben, da sie aus drei Geraden bestehen, die sich kreuzen – und Geraden sind unendlich dünne Gebilde ohne jede räumliche Ausdehnung. Zeichen hingegen, selbst jene von einem Dreieck, haben stets eine Ausdehnung. Ihre Welt endet also dort, wo die räumliche Welt aufhört. Ideen wie die des Dreiecks sind dem Bereich zugeordnet, der Metaphysik genannt wird. Das griechische Wort *meta* bedeutet so viel wie »jenseits« und das Metaphysische ist das, was jenseits der natürlichen, physischen Welt besteht, die wir wahrnehmen und beobachten können.

Doch auch nicht alle Erscheinungen der wahrnehmbaren Welt fallen in den Bereich der Zeichen. Das Zeichensystem unserer Sprache etwa besteht aus Elementen, die selbst nicht alle Zeichen sind. Einzelne Buchstaben oder Zeichenkombinationen erfüllen meist keine Zeichenfunktion. Zwar gibt es Wörter, die aus solchen einfachen Folgen bestehen, wie der Ausruf »Oh!«, aber das ist nicht mit allen Zeichen gleichermaßen möglich. Die Zeichenreihen »K!« oder »Kkkk!« ergeben für uns beispielsweise keinen Sinn.

Nicht zuletzt ist der Bereich dessen, was sich durch Zeichen vermitteln lässt, begrenzt. So können Zeichen von vergangenen Ereignissen zeugen oder auf zukünftige Entwicklungen hindeuten, das unmittelbare Erleben der Jetztzeit kann allerdings nicht direkt in Zeichen gefasst werden. Zwar können wir beschreiben, was wir gerade in diesem Moment erleben, doch bis wir die sprachlichen Zeichen dazu hervorgebracht haben, ist der Augenblick bereits vorbei. Die absolute Gegenwart ist damit etwas, das sich der Welt der Zeichen grundsätzlich entzieht.

Warum brauchen wir so etwas wie Semiotik?

Die meisten Zeichenprozesse verfolgen einen Zweck. Der Hauptzweck, zu dem sprachliche Zeichen eingesetzt werden, ist die Kommunikation. Selbst scheinbar überflüssige Unterhaltungen wie der sogenannte Smalltalk haben eine sehr wichtige soziale Funktion. Auch wenn nichts Konkretes mitgeteilt wird, wollen sich die Menschen damit signalisieren: »Wir haben uns etwas zu sagen.« Der Austausch von Informationen oder die Äußerung von Wünschen, Begehren und Befehlen ist auf das Gelingen der Kommunikation angewiesen. Je besser das Regelwerk der Zeichen und mithin der Kommunikation verstanden und beherrscht wird, desto größer sind die Aussichten auf Erfolg. Es gibt jedoch keine Garantie, dass eine beabsichtigte Kommunikation erfolgreich verläuft. So kann es passieren, dass der adressierte Empfänger eine Mitteilung nie erhält. Man denke nur an die 1977 gestarteten Voyager-Sonden, die inzwischen unser Sonnensystem verlassen haben. Sie enthalten auf einer vergoldeten Datenplatte viele Informationen über die Erde und die Menschen. Die »Voyager's Golden Record« ist an eine außerirdische Intelligenz gerichtet, die möglicherweise imstande ist, sie zu entziffern. Bei der Entwicklung der Sonde war es eine zentrale Frage, wie man Informationen codiert, damit sie von anderen intelligenten Zeichenbenutzern gelesen werden können. Die Wahl des Zeichenträgers war hierbei ebenso entscheidend wie die Frage nach dem Zeichensystem. Wie man mit außerirdischen Wesen kommunizieren kann, ist eine spezifisch semiotische Fragestellung.

Ebenfalls sehr speziell und nicht weniger spannend ist die Frage: Wie teilen wir künftigen Generationen mit, an welchen Orten auf der Welt sich Atommülllager befinden? Diese Frage ist weit weniger trivial, als sie auf den ersten Blick erscheinen mag. Atommüll wie Plutonium und Uran muss zum Teil bis zu mehreren Millionen

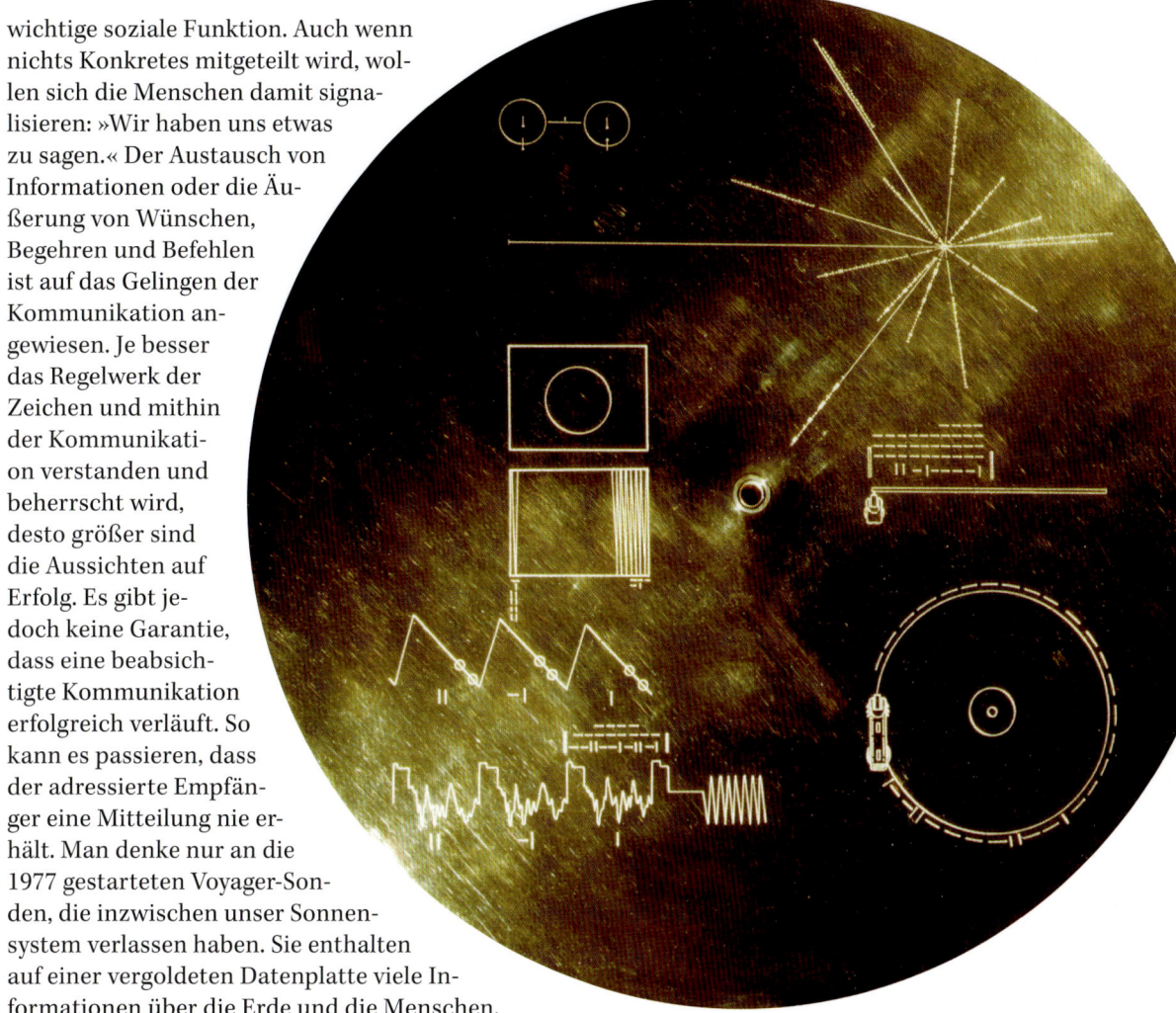

Die Schutzhüllen der vergoldeten Datenplatten in den Voyager-Sonden liefern dem unbekannten Empfänger zugleich eine Anleitung zum Auslesen der darauf gespeicherten Informationen.

Jahren gelagert werden. Die Herausforderung an die Semiotik: Die Endlager müssen mit Zeichen markiert werden, die erstens diese Zeit überdauern, die zweitens kenntlich machen, dass sie eine wichtige Information enthalten, die drittens den Code erklären, in dem die Information geschrieben ist, und die schließlich viertens die Hinweise auf den Ort und das Material, das dort lagert, vermitteln. Aus der heutigen Perspektive ist völlig unklar, ob und in welcher Sprache in einer so weit entfernten Zukunft gesprochen wird. Ein Vergleich verdeutlicht die große Schwierigkeit dieser Aufgabe: Die Cheops-Pyramide ist gerade einmal 4500 Jahre alt und es dauerte mehrere Jahrhunderte, bis man die Hieroglyphen, die dort gefunden worden waren, vollständig entziffert hatte.

Doch auch in weniger spektakulären Bereichen erfüllt die angewandte Semiotik durch die Analyse und Verbesserung von Zeichenprozessen einen überaus praktischen Nutzen. So trägt etwa beim Fernsehen, in der Werbung oder in Unternehmen und Organisationen eine gelingende Kommunikation entscheidend zum wirtschaftlichen Erfolg bei, weshalb die Semiotik für viele Berater ein wichtiges Arbeitsinstrument ist. In einer globalisierten, multipolaren Welt wird zudem das Thema der interkulturellen Kommunikation immer wichtiger. Hier hilft die Semiotik ebenfalls, die Quellen für Missverständnisse zu erkennen und zu beseitigen.

Der besondere Reiz, der von der Semiotik ausgeht, besteht allerdings darin, dass sich die unterschiedlichsten Vorgänge in unserer Welt, vom Heavy-Metal-Konzert über den Bienentanz bis zur Zellteilung, gleichermaßen als Zeichenprozesse verstehen lassen. Dabei ist es letztlich das große Ziel der Semiotik, eine grundlegende Methode zu bieten, mit der all diese höchst verschiedenen Zeichen entschlüsselt werden können. Dieses Versprechen ist durchaus vollmundig, denn es geht um nichts Geringeres als um die Lesbarkeit der Welt.

Die Lesbarkeit der Welt

Der Philosoph Hans Blumenberg stellte in einem seiner Bücher, das den Titel *Die Lesbarkeit der Welt* (1981) trägt, eine Zeichentheorie vor, die auf Metaphern basiert. Mit ihr im Gepäck unternahm er Lektüren von der Bibel bis hin zum genetischen Code. Blumenberg wies in seinem Buch jedoch auf ein Problem hin: Wie schaffen wir es, innerhalb einer sehr begrenzten Lebenszeit die Lesbarkeit einer Welt zu erhalten, die immer komplizierter wird und in der sich dem Menschen immer entferntere Lebensräume erschließen? Blumenberg zufolge kann der Mensch (nur) so lange im Zentrum des Geschehens bleiben, wie es ihm gelingt, die Welt und die Zeichen zu deuten.

Heute stellt sich die Frage nach der Lesbarkeit der Welt dringender denn je. Noch stärker als zu der Zeit, in der Blumenberg lebte und schrieb, sind wir mit einer Flut von Zeichen konfrontiert. Aber nicht die Menge der Zeichen ist das Ausschlaggebende. Das Problematische an der gegenwärtigen Produktion von Zeichen sind ihre Deutungen. Noch nie in der Menschheitsgeschichte wurden Zeichen auf so

unterschiedliche Art und Weise interpretiert wie in diesen Tagen. Mit der Verviel-
fältigung und der Manipulierbarkeit der Zeichen haben sich zugleich ihre Interpre-
tationen und Lesarten multipliziert, sodass wir inzwischen eine paradoxe Situation
erreicht haben: Einerseits war es noch nie so leicht, Zeichen zu produzieren, zu ver-
vielfältigen und wahrzunehmen. Andererseits war es selten zuvor so schwer, sie richtig zu deuten. Die große Zahl an Verschwörungstheorien ist nur ein Anzeichen für
dieses Missverhältnis. Insbesondere für Wissenskulturen wie die unsere ist die Lesbarkeit der Zeichen eine zentrale Voraussetzung, ohne die sie in die Krise geraten.
Eine Reise in die Welt der Zeichen ist mithin immer auch eine Suche nach Sinn und
Bedeutung der Welt.

Smileys eines populären
Messenger-Dienstes: Sie
erleichtern die Kommunikation, sind aber nicht immer
leicht zu deuten.

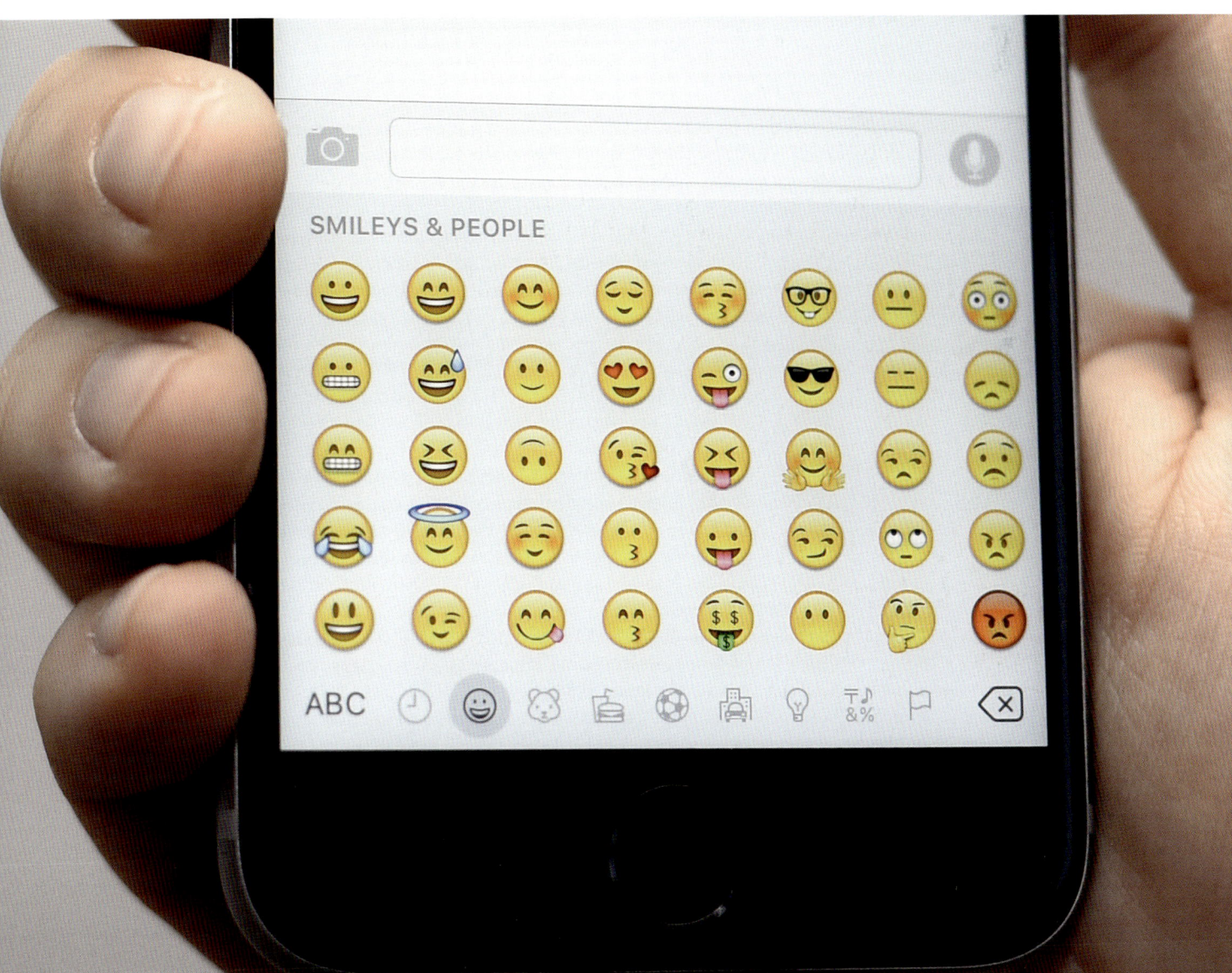

DIE WELT DER ZEICHEN: BEGRIFFE UND GRUNDLAGEN

Die ältesten Überlegungen über das Wesen der Zeichen finden sich in der Antike, bei Denkern wie Platon und Aristoteles, den Philosophen der Stoa oder etwas später bei Augustinus. Allerdings gab es keine eigene Disziplin, die sich ausschließlich mit den Zeichen beschäftigte. Oft sind es eher verstreute Bemerkungen in Texten über Rhetorik, Poetik, Theologie, Hermeneutik oder zu den Künsten, die sich diesem Thema widmen. Hervorzuheben ist hier vor allem Platon, der bereits weitreichende Gedanken über die Natur der sprachlichen Zeichen entwickelte. So ging er in seinem Dialog *Kratylos* der in der Antike lebhaft diskutierten Frage nach, ob die Verbindung zwischen den Dingen und ihren Namen eine natürliche ist, also in der Natur der bezeichneten Dinge (ihrer *phýsis*) gründet, oder ob sie durch Konventionen zustande kommt, also durch die Sitten und Gesetze der Menschen (*nómos*) konstituiert ist. Von besonderem Interesse war für ihn in diesem Zusammenhang die Frage, inwieweit uns die Sprache eigentlich zur Erkenntnis dienen kann.

Auch das Alte Testament der Bibel versucht, eine Antwort darauf zu geben, wie die Dinge zu ihren Namen kommen. So wird im Buch Genesis die Geschichte von Adam erzählt, der von Gott den Auftrag erhält, jedem Geschöpf der Welt einen Namen zu geben – und wie Adam sie nannte, so hießen alle Lebewesen fortan. Dem Kulturtheoretiker Walter Benjamin zufolge besaß diese Sprache des Paradieses, die sogenannte »adamitische Sprache«, die Fähigkeit, das Wesen der Dinge erkennbar zu machen, indem sie sie benannte. Doch mit der Vertreibung aus dem Paradies sei diese erkennende Sprache, in der sich die Welt unmittelbar selbst offenbart, verloren gegangen. Seither sei die Sprache der Menschen nur noch ein Mittel, um über die Dinge zu sprechen. Für Benjamin liegen darin die zwei wesentlichen Aspekte der

»Adam gibt den Tieren ihre Namen«, Ausschnitt aus dem *Schöpfungsteppich*, Katalonien oder Norditalien, um 1100

INFO

Platons »semiotisches« Höhlengleichnis

Das Höhlengleichnis von Platon (427–347 v. Chr.) ist eine der am häufigsten wiedergegebenen Erzählungen der Philosophie. Das Gleichnis, das Platon in seinem Hauptwerk *Politeia* vorträgt, liefert eine einfache Anschauung dessen, was die Philosophie ihrem Wesen nach ist. Es lässt sich aber auch als eine Parabel auf ein platonisches Zeichenmodell lesen.

Das Höhlengleichnis erzählt von dem Menschen, der zum Philosophen wird. Im Gleichnis sind alle Menschen mit Ketten in einer Höhle gefesselt und blicken auf eine Wand, auf der sich verschiedene Schatten zeigen. Da sie nichts anderes von der Welt sehen, halten sie diese Schatten für die Wirklichkeit. Befreit sich jedoch einer der Menschen aus den Ketten und versucht, die Höhle zu verlassen, erkennt er, dass das, wovon die Menschen denken, es sei die wirkliche Welt, nur die Schatten von Gegenständen sind, die hinter ihrem Rücken an einem Feuer vorbeigetragen werden. Als der befreite Mensch die Höhle verlässt, muss er sich erst an das gleißende Licht der Sonne gewöhnen, bevor er die wirkliche Welt außerhalb der Höhle erkennen kann.

Eine der vielen Deutungen des Höhlengleichnisses versteht die Schatten an der Wand der Höhle als Zeichen, wobei ihr Umriss auf die Gegenstände verweist, die sie werfen. Doch das Wesen der Dinge, die eigentliche Wirklichkeit, ist für Platon nicht in den Gegenständen oder ihren Zeichen zu erkennen, sondern nur in der Welt außerhalb der Höhle, wo das Licht der Sonne scheint – in der Welt der Ideen.

sprachlichen Zeichen: Wir können die Sprache benutzen, um über die Welt zu kommunizieren, und wir können sie benutzen, um die Welt zu erkennen. Dass in den sprachlichen Zeichen lange Zeit etwas gesehen wurde, in dem sich eine höhere Macht wie die göttliche zeigt, verbürgt auch noch das deutsche Wort »Zeichen«. Es leitet sich aus dem althochdeutschen Wort *zeihhan* ab, das so viel wie »Erscheinung« bedeutet.

Die Denker der Aufklärung und die Wissenschaftler und Philosophen des 19., 20. und 21. Jahrhunderts machten sich schließlich an die systematische Erforschung der Zeichen. Einige alte Fragen, wie die von Platon, woher die Bedeutung der Zeichen kommt und welche Erkenntnisse wir durch den Umgang mit Zeichen von der Welt erlangen können, beschäftigen die Forscher jedoch bis heute.

Das semiotische Dreieck und seine Bestandteile

Das »Zeichen« ist der Kernbegriff in allen Zeichentheorien. Allerdings gibt es keine klare Übereinkunft darüber, was alles unter diesen Begriff fällt. Manche Theorien beschäftigen sich ausschließlich mit sprachlichen Zeichen, dem wichtigsten Zeichensystem der Menschen. Aber auch Bilder, Filme oder das Design von Gegenständen und Kleidungsstücken lassen sich als Zeichen verstehen, und wie wir sehen werden, kann sogar die Natur Zeichen hervorbringen.

Zu einem Zeichen werden, je nach Zeichentheorie, mehrere Elemente gezählt – in erster Linie das, was im allgemeinen Verständnis und in manchen Modellen als das Zeichen selbst aufgefasst wird: die »Bezeichnung«. Sie ist gewissermaßen das, was wir von einem Zeichen unmittelbar sehen oder hören, wie ein gesprochenes Wort oder ein Lichtsignal. Alternativ werden hierfür unter anderem die Begriffe »Symbol« oder »Ausdruck« verwendet.

INFO

Aristoteles und die Logik der Zeichen

In seinem Werk *Über die Sprachform der Sätze* befasst sich Aristoteles (384–322 v. Chr.) ausführlich mit der Natur der Zeichen. Gleich zu Beginn der Schrift findet sich die folgende zentrale Definition über die Zeichen der Sprache:

Es sind also die gesprochenen Laute Zeichen der in der Seele hervorgerufenen Empfindungen, und die Schrift ist wieder ein Zeichen der Laute. Und wie nicht alle dieselbe Schrift haben, so sind auch die Laute nicht bei allen dieselben. Aber das, wofür sie in erster Linie Zeichen sind, nämlich die Empfindungen der Seele, sind bei allen Menschen dieselben; und das, wovon diese Empfindungen Abbilder sind, nämlich die eigentlichen Dinge, ist ebenfalls gleich.

Die Schrift ist für Aristoteles also ein Zeichen der Lautsprache, wobei die Wörter einer Sprache wiederum Zeichen von Vorstellungen sind. Ihre Bedeutung erhalten die Zeichen dabei aufgrund von Konventionen. Da Zeichen allerdings auf logischen Gesetzmäßigkeiten beruhen, benötige der Mensch, um Zeichen zu verstehen, die Fähigkeit, logische Schlüsse zu ziehen. Damit formuliert Aristoteles bereits viele der Thesen, die in der modernen Semiotik als grundlegend erkannt wurden.

Zeichenmodelle im Überblick

Monadisches Zeichenmodell

Die einfachste Vorstellung von einem Zeichen ist die von einer Monade (von gr. *monás*, »Einheit«, »Einfachheit«), wobei letztlich nicht zwischen dem Zeichen und dem, wofür es steht, unterschieden wird. Insbesondere das magische Denken geht von einer verborgenen Verbindung zwischen dem Zeichen und dem bezeichneten Objekt aus.

Dyadisches Zeichenmodell

Zweigliedrige Zeichenmodelle gehen zwar immer noch von einer Einheit aus, diese hat aber wie ein Blatt Papier zwei Seiten: eine Ausdrucks- und eine Inhaltsseite. Ein sprachliches Zeichen besteht danach gewöhnlich aus einem Lautbild und einer Vorstellung.

Triadisches Zeichenmodell

Das dreigliedrige Zeichenmodell erweitert das zweigliedrige um eine weitere Dimension. Es besagt, dass es neben dem Zeichen(ausdruck) und der damit verknüpften Vorstellung etwas Drittes gibt, nämlich einen Gegenstand oder Sachverhalt in der Welt, auf den das Zeichen verweist.

Modelle mit mehr als drei Elementen

Für die Bedeutung eines Zeichens können allerdings auch noch andere Aspekte entscheidend sein. So ist ein Handschlag in einer Situation das Zeichen für eine Begrüßung, in einer anderen dagegen für die Besiegelung eines Geschäfts oder die Gültigkeit einer Wette. Zeichenmodelle lassen sich unter Berücksichtigung kommunikativer Situationen daher um mehrere Komponenten ergänzen, wie zum Beispiel den Kontext, Sender und Empfänger oder das Übertragungsmedium.

Zu jedem Zeichen gehört weiterhin das, was es bezeichnet. Seit den ersten Versuchen, das Wesen der Zeichen zu beschreiben, wurde die Verweisstruktur der Zeichen erkannt: Ein Zeichen zeigt stets auf etwas anderes. So verweist das Wort »Mond« auf den Himmelskörper, der um die Erde kreist. Das »Bezeichnete« erhielt im Laufe der Zeit ebenfalls unterschiedliche Namen wie »Sache«, »Objekt«, »Denotat« oder »Referent«.

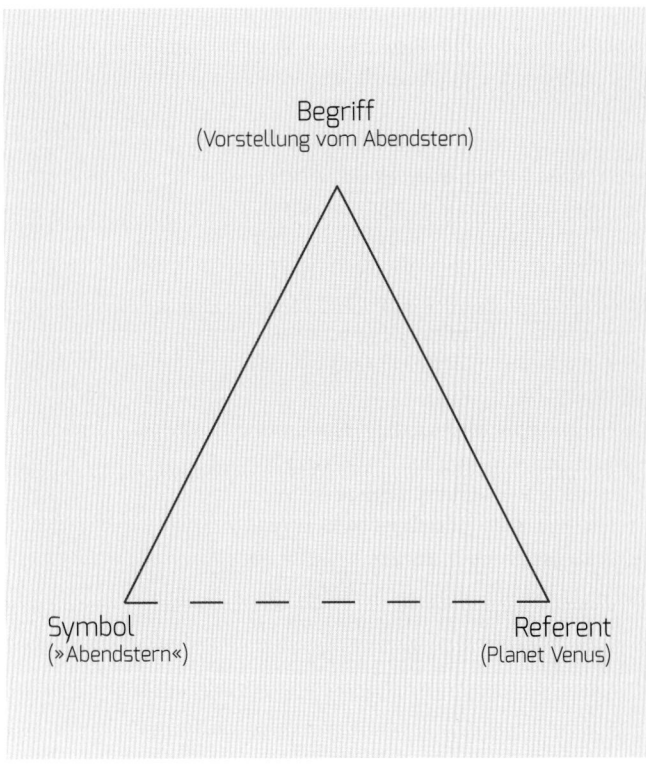

Begriff
(Vorstellung vom Abendstern)

Symbol
(»Abendstern«)

Referent
(Planet Venus)

Das semiotische Dreieck
nach Ogden und Richards

Das, was ein Zeichen bezeichnet, ist für die meisten Zeichentheoretiker allerdings nicht identisch mit seiner Bedeutung. Der Philosoph Gottlob Frege machte dies am Beispiel der Wörter »Morgenstern« und »Abendstern« deutlich. Beide Wörter bezeichnen ein und denselben Gegenstand, nämlich den Planeten Venus, bedeuten aber jeweils etwas anderes. Einmal ist die Venus gemeint, wenn sie vor der Sonne aufgeht, und einmal, wenn sie nach der Sonne am Himmel erscheint. Darüber hinaus kann ein und dasselbe Zeichen auch mehrere Bedeutungen haben. Das Wort »Ball« kann beispielsweise sowohl »kugelförmiger Spiel- oder Sportgegenstand« wie »eine festliche Tanzveranstaltung« bedeuten. Weil Wörter unterschiedliche Bedeutungen annehmen können und sich die Bedeutung von Wörtern mit der Zeit verändern kann, werden Wortbedeutungen in Büchern oder auf Webseiten festgehalten. In gewissem Sinne führt jeder Mensch in seinem Gedächtnis ein solches Wörterbuch mit sich herum, ohne das er die Zeichen der Sprache nicht verstehen könnte. Für die Bedeutung der Zeichen verwendeten viele Autoren wiederum verschiedene Bezeichnungen, darunter »Sinn«, »Signifikat«, »Inhalt«, »Interpretant« oder »Konzept«.

Doch welche Beziehung besteht eigentlich zwischen den Zeichen oder Bezeichnungen, den Bedeutungen und den Dingen in der Welt? Diese Frage wurde schon seit der Antike auf unterschiedlichste Weise beantwortet – für Aristoteles etwa drücken sich in sprachlichen Zeichen Empfindungen oder Vorstellungen der Seele aus, die wiederum Abbilder der wirklichen Dinge sind. In der modernen Semiotik bürgerte sich zur Beschreibung der Zeichenbeziehungen das Modell des sogenannten semiotischen Dreiecks ein, das unter anderem auf die Vorüberlegungen des Philosophen Charles Sanders Peirce zurückgeht, der im 19. Jahrhundert versuchte, das Wesen aller Zeichen zu erfassen. Zwar hat Peirce niemals selbst ein Dreiecksschema entworfen, er gilt aber als erster moderner Verfechter eines Zeichenmodells, das aus den drei genannten Komponenten besteht. Peirce bezeichnete diese als den Zeichenträger, das Zeichenobjekt und den Interpretanten. Erst das Zusammenspiel dieser drei Komponenten ergibt einen vollständigen Zeichenprozess. Nehmen wir den konkreten Fall, dass jemand den Sonnenuntergang betrachtet und das Erscheinen der Venus bemerkt: Er kann nun mit dem Wort »Abendstern« (= Zeichenträger) auf den Planeten (= Zeichenobjekt) verweisen. Eine andere Person wiederum kann das Wort hören und die Vorstellung der am Abendhimmel aufgehenden Venus damit verbinden (= Interpretant).

Unabhängig davon, welche Begriffe verschiedene Autoren seither für die einzelnen Elemente des semiotischen Dreiecks verwendet haben, besteht die Grundidee dieses dreigliedrigen Zeichenmodells stets darin, dass ein Zeichen auf einen Gegenstand oder Sachverhalt verweist, mit dem es nicht direkt, sondern nur über eine Vorstellung oder ein deutendes Bewusstsein verbunden ist. Die zwei Sprachforscher Charles Ogden und Ivor Richards, die den Begriff des semiotischen Dreiecks in der ersten Hälfte des 20. Jahrhunderts einführten, definierten seine drei Eckpunkte als »Symbol« (das Wort »Abendstern«), »Referent« (der Planet Venus) und »Gedanke« oder »Begriff« (die Vorstellung vom Abendstern).

In Ableitung vom griechischen Wort für »Zeichen«, *sēmeîon*, wird die Gesamtheit eines Zeichenprozesses auch als Semiose bezeichnet. Damit sind alle Vorgänge gemeint, in denen Zeichen eine zentrale Rolle spielen. Zeichenprozesse können unterschiedlich komplex sein, im Normalfall spielen sie sich jedoch zwischen zwei Beteiligten ab: dem Sender eines Zeichens und dem Empfänger, an den es gerichtet ist. Einige Zeichenprozesse kommen allerdings ohne einen Sender aus. Wenn wir etwa lediglich Rauch über einem Wald aufsteigen sehen, können wir diesen als ein Zeichen für einen Brand interpretieren, ohne dass jemand dieses Zeichen bewusst an uns gesendet hat.

Wie kommen Zeichen zu ihrer Bedeutung?

Die Frage, was genau unter der Bedeutung eines Zeichens oder Wortes zu verstehen ist, wird bis heute äußerst kontrovers diskutiert. Die Antworten reichen vom bezeichneten Objekt selbst über rein innersprachliche Beziehungen bis hin zu messbaren Gehirnzuständen. Einen der wichtigsten Ansätze, der auf eine sehr lange Tradition zurückblickt, finden wir bereits im erwähnten Zeichenmodell von Aristoteles. Aristoteles war der Meinung, dass Zeichen nicht einfach auf Dinge, Ereignisse oder Sachverhalte verweisen. Ihm zufolge sind Zeichen wie Wörter oder Sätze vielmehr mit Vorstellungen verknüpft, die, modern ausgedrückt, mentale Repräsentationen von Dingen oder Sachverhalten in der Welt darstellen. Die Bedeutung des Wortes »Baum« wäre demnach also ein Konzept im menschlichen Geist von einem Gegenstand der

Gemäß Aristoteles verbinden wir mit dem Wort »Baum« ein mentales Abbild von realen Bäumen.

Natur, der aus einem Stamm besteht, Wurzeln, Ästen, Blättern oder Nadeln und Ähnlichem. Welche Wörter die Menschen allerdings mit ihren Vorstellungen verbinden, ist laut Aristoteles eine Sache der Gewohnheit oder Übereinkunft.

Auch nach Augustinus beruht der faktische Gebrauch von sprachlichen Zeichen auf den Konventionen und Gepflogenheiten einer Gemeinschaft. In seinen *Confessiones* (*Bekenntnisse*, 379–401) beschreibt er, wie wir uns den Erwerb dieser Zeichen vorstellen können. In einer viel zitierten Stelle im achten Kapitel des ersten Buches behauptet Augustinus, dass er sich noch genau an den Lernvorgang erinnern könne, den er als kleines Kind durchlaufen habe:

… benannte man irgendeinen Gegenstand und wandte man sich bei dem Worte danach, so bemerkte ich es und behielt, dass das Ding von ihnen benannt werde, welches sie aussprachen, wenn sie es zeigen wollten. Dass man aber dies damit bezweckte, erhellte aus der Bewegung des Körpers, gleichsam die Universalnatursprache für alle Völker; durch das Mienen- und Augenspiel und die Tätigkeit der übrigen Glieder und durch den Klang der Stimme, welcher anzeigt, was die Seele wünscht und begehrt, was sie verwirft und meidet. So begriff ich allmählich die Worte in ihrer mannigfaltigen Bedeutung, in ihrer verschiedenen Stellung und bei ihrem häufigen Gebrauche, welche Dinge die Worte bezeichneten, und sprach durch sie, da meine Mutter sich bereits an diese Ausdrucksweise gewöhnt hatte, meine Wünsche aus. So bin ich mit denen, unter welchen ich lebte, in eine Gemeinschaft hinsichtlich der Bezeichnung der Willensäußerungen getreten …

Die hier veranschaulichte Konventionalität von Zeichen lässt sich im weitesten Sinne als »stillschweigende Übereinkunft« verstehen. So verweist innerhalb der deutschen Sprechergruppe etwa das Wort »Mond« deshalb auf einen bestimmten Gegenstand am Himmel, weil es alle Mitglieder dieser Gruppe in dieser Weise verwenden. Überspitzt gesagt, bedeutet das: Wären sich alle Sprecher einer Sprache darüber einig, was damit gemeint ist, könnte genauso gut ein beliebiges anderes Wort dafür verwendet werden.

Dass man die Frage nach der Bedeutung auch völlig anders beantworten kann, zeigt der österreichische Philosoph Ludwig Wittgenstein. Er ging ebenfalls von einem auf Konventionen beruhenden Zeichengebrauch aus, verzichtete im Unterschied zu anderen Zeichenmodellen jedoch gänzlich auf mentale Konzepte oder Vorstellungen. Angeregt durch zahlreiche Verständigungsschwierigkeiten, die er beim Unterrichten von Schülern und der Unterweisung von Handwerkern beim Bau eines Hauses – dem berühmt gewordenen »Haus Wittgenstein« in Wien – erlebte, versuchte er in seinem posthum veröffentlichten Spätwerk, den *Philosophischen Untersuchungen* (1953), die Zusammenhänge zwischen Sprache, Bewusstsein und Bedeutung zu ergründen. Eine seiner wichtigsten Erkenntnisse findet sich in der bekannten Definition:

20
21
Die Sprache der Zeichen

Die Welt der Zeichen: Begriffe und Grundlagen
Wie kommen Zeichen zu ihrer Bedeutung?

Die Bedeutung eines Wortes ist sein Gebrauch in der Sprache.

Damit stellte Wittgenstein die bis dahin vorherrschenden Auffassungen von Sprache grundsätzlich infrage. Denn seine knappe Formel besagt nichts weniger, als dass ein Wort wie »Apfel« nicht deshalb eine Bedeutung hat, weil wir damit eine bestimmte Vorstellung von einem runden essbaren Ding, das an Bäumen wächst, oder Ähnlichem verbinden, sondern weil es in der alltäglichen Sprachpraxis in einer bestimmten Weise verwendet wird. Ob jemand weiß, was ein Wort bedeutet, sehen wir nach Wittgenstein nämlich nicht daran, welche Vorstellungen er damit

INFO

Ludwig Wittgenstein

Der in Österreich geborene Ludwig Wittgenstein (1889–1951) gilt als einer der bedeutendsten Philosophen des 20. Jahrhunderts. Nach einem kurzen Maschinenbaustudium wandte sich der Sohn einer berühmten Wiener Industriellenfamilie am Trinity College in Cambridge der Philosophie zu. Während er sich im Ersten Weltkrieg als Kriegsfreiwilliger für Österreich einsetzte, schrieb er mit dem *Tractatus logico-philosophicus* (1921) sein erstes Hauptwerk. Darin führt Wittgenstein viele philosophische Fragen und Theorien auf ein falsches Verständnis der Sprachlogik zurück und erklärt statt der Wirklichkeitsbeschreibung die Sprachanalyse zur eigentlichen Aufgabe der Philosophie. Da er der Ansicht war, mit dem Tractatus alle wichtigen Probleme der Philosophie gelöst zu haben, wandte er sich danach zunächst von der Philosophie ab, arbeitete als Volksschullehrer und Klostergärtner und widmete sich dem Bau des »Hauses Wittgenstein« für seine Schwester Margarethe. Erst 1929 kehrte er nach Cambridge zurück, wo er in Philosophie promovierte und bis 1947 lehrte. Sein Spätwerk, das nach seinem Tod unter dem Titel *Philosophische Untersuchungen* (1953) veröffentlicht wurde, machte ihn schließlich weltweit berühmt. In der aphoristisch gehaltenen Schrift entwirft er ein grundlegend neues Bild der Sprache als einer Praxis, die in die Gesamtheit aller menschlichen Lebensvollzüge eingebettet ist. Die Bedeutung sprachlicher Zeichen ergibt sich demnach nicht aus mentalen Konzepten, sondern aus dem praktischen Gebrauch, der stets auch mit nichtsprachlichen Verhaltensweisen verbunden ist.

verknüpft, sondern nur daran, ob er es richtig gebraucht und in der richtigen Weise darauf reagiert – und das heißt so, wie es den Gepflogenheiten der Sprechergemeinschaft entspricht.

Wittgenstein hat das Wort einer Sprache auch mit einer Spielfigur verglichen, deren mögliche Bewegungen durch die Regeln des Spiels bestimmt sind, das gerade gespielt wird. So können wir etwa mit dem Wort »Ball«, wie wir sahen, zwei ganz verschiedene Spiele spielen, und nur in einem davon ergibt der Satz »Gib mir bitte den Ball!« einen Sinn. Die Bedeutung eines Wortes zu kennen, bedeutet also letztlich, die Regeln seines Gebrauchs zu kennen. Nach Wittgenstein lässt sich sogar die Sprache als Ganzes mit allen verbundenen Handlungsweisen und Lebenspraktiken als ein »Sprachspiel« verstehen. Wie jedes Spiel ist es von Regeln geleitet, die jeder Teilnehmer befolgen muss, soll es gelingen – und wie in jedem Spiel können sich die Regeln auch ändern, wenn genügend Spieler eine neue Praxis etablieren.

Wie wir mit Zeichen kommunizieren

Unser Leben ist zu einem sehr großen Teil von Zeichen und unserem Umgang mit ihnen bestimmt. Denkt man nur an die Buchstaben des Gesetzes und die Zeichen und Regeln, die die Gemeinschaft und den wechselseitigen Austausch prägen, scheint unser gesamtes Miteinander von der Deutung von Zeichen und Buchstaben abzuhängen. Bilder nehmen ebenfalls einen hohen Stellenwert in unserem Leben ein, angefangen von den Fernsehbildern über die Bilder in den Timelines der sozialen Netzwerke bis hin zu den bildgebenden Verfahren in der Medizin und der Forschung.

Ein zentraler Zweck des Zeichengebrauchs ist dabei die Kommunikation. Wenn wir mit Zeichen umgehen, dann meist mit dem Ziel, Informationen oder Emotionen auszutauschen. Das betrifft nicht nur die Kommunikation mittels der Sprache oder Bildern, sondern ebenso die nonverbale Kommunikation mithilfe von Gesten, Mimik oder Körpersprache. Der Begriff der Kommunikation ist so weit gefasst, dass er selbst den Austausch zwischen Tieren mit umfasst.

Die Lehre von den Zeichen lässt sich daher nicht vollständig von den Theorien der Kommunikation trennen. Viele Zeichenmodelle ähneln Kommunikationsmodellen, manchmal sind sie in Kommunikationsmodelle integriert und manchmal überlappen sie einander. Wenn wir verstehen wollen, wie Zeichen funktionieren, lohnt es sich also, zugleich einen Blick auf die Kommunikationsmodelle zu werfen. Es gibt zwar äußerst unterschiedliche und weit auseinandergehende Theorien von Kommunikation, die meisten von ihnen stimmen allerdings darin überein, dass ein Kommunikationsprozess im Wesentlichen aus drei Grundelementen besteht: dem Sender eines Zeichens, auch Kommunikator genannt, dem Zeichen, Signal oder der Botschaft und dem Empfänger oder Interpreten des Zeichens.

Diese Elemente werden zum Teil verschieden benannt, das Grundprinzip ist jedoch stets dasselbe: Der Sender eines Zeichens bringt in dem von ihm erzeugten Zeichen eine bestimmte Absicht oder Intention zum Ausdruck und übermittelt das

Zeichen an den Empfänger, der dieses (hoffentlich richtig) interpretiert. Das Zeichen kann dabei aus einem geschriebenen Text, gesprochener Sprache, einer Geste, einem Morsezeichen oder Ähnlichem bestehen. Dieses dreigliedrige Kommunikationsmodell lässt sich auch leicht am Beispiel der technischen Übertragung eines Signals illustrieren: Eine Sendevorrichtung überträgt eine Nachricht etwa über ein Funksignal an eine Empfangsstation, wo es aufgefangen und gelesen wird.

Das sogenannte »Organonmodell der Sprache«, das der Mediziner, Psychologe und Sprachforscher Karl Bühler in den 1930er-Jahren entwickelte, verbindet ein solches dreigliedriges Kommunikationsmodell mit einem dreigliedrigen Zeichenmodell. Der Name dieses bekannten Modells geht auf Platon zurück, der die Sprache auch als *organon*, als »Werkzeug« bezeichnete, mit dem wir jemandem etwas über die Dinge der Welt (einschließlich uns selbst) mitteilen. Bühler spricht den sprachlichen Zeichen dabei letztlich drei Funktionen zu: eine Ausdrucksfunktion,

In einer Informationsgesellschaft ist die Kommunikation unverzichtbar. In vielen Bereichen unseres täglichen Lebens sind heute zahlreiche Kommunikationsformen und -medien nicht mehr wegzudenken.

eine Darstellungsfunktion und eine Appellfunktion. Mit einer Botschaft wie dem Satz »Es zieht!« bringt der Zeichensender demnach etwas zum Ausdruck, nämlich dass ihm kalt ist. Der Satz erfüllt gleichzeitig eine Darstellungsfunktion, indem er etwa auf den Umstand verweist, dass ein Fenster oder eine Tür offen steht, wodurch eine kalte Zugluft entsteht. Und schließlich hat der Satz eine Appellfunktion, und zwar die Aufforderung an den Empfänger, die Ursache für die Zugluft zu beheben.

Nicht jedes Zeichen muss alle drei Funktionen erfüllen, die im Organonmodell beschrieben sind. Es gibt zum Beispiel auch Zeichen, die nur eine Ausdrucksfunktion haben, wie Symptome, die lediglich anzeigen, dass ein Organismus von einer bestimmten Krankheit befallen ist. Bühler behauptet also nicht, dass jeder Zeichenprozess zwangsläufig ein Kommunikationsprozess ist. Es sind für ihn vielmehr Prozesse, die einander überlappen. Im Idealfall läuft eine Kommunikation über einen Zeichenprozess ab. Doch man kann eine Kommunikation genauso gut unterlaufen, indem

Das Organonmodell von Bühler: Der Kreis symbolisiert die konkrete Realisierung des Zeichens, die zum Beispiel im Fall einer undeutlichen Aussprache nicht deckungsgleich mit dem Zeichen selbst sein muss.

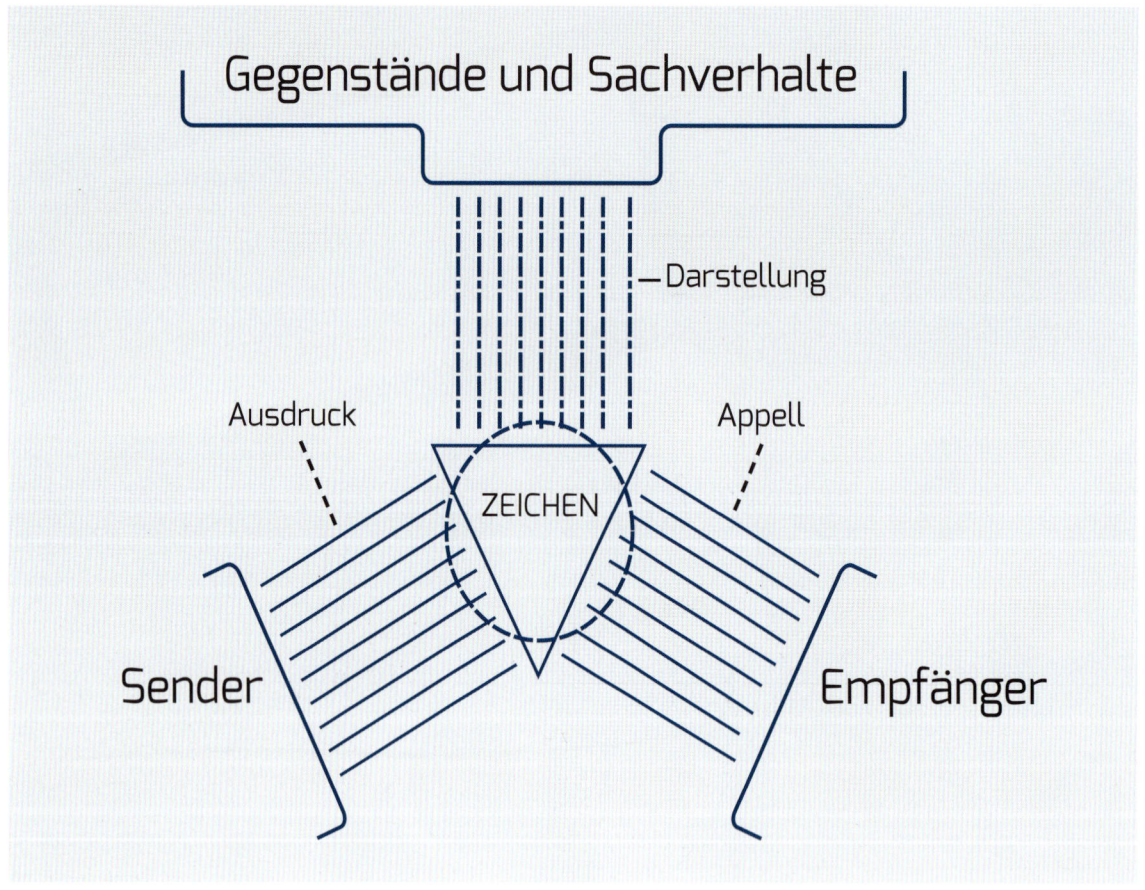

man sich gerade zu sehr auf die Zeichen konzentriert. Nehmen wir die Situation, dass sich zwei Bekannte treffen und einer die Frage stellt: »Wie geht's?« Missachtet oder missversteht der Angesprochene die kommunikative Funktion der Frage, könnte er die Bedeutung dieser Zeichen wörtlich nehmen und statt mit »Gut, und dir?« mit einem ausführlichen Bericht über seine aktuelle Lebenslage reagieren, der das eigentliche Kommunikationsziel des kurzen Kontakts verfehlt. Kommunikationsprozesse können andererseits auch gut verlaufen, obwohl der Zeichenprozess selbst gestört ist: Der Klang einer Stimme, die individuelle Aussprache oder ein Akzent prägen zwar die gesprochene Sprache, verändern allerdings die Bedeutung der Zeichen nicht. Deshalb könnte es passieren, dass eine Zeichenfolge etwa durch undeutliche Aussprache oder einen Dialekt nicht vollständig realisiert ist oder teilweise stark von der Norm abweicht, aber vom Empfänger der Botschaft, der die fehlenden Teile selbst ergänzt oder errät, dennoch vollständig verstanden wird. Kommunikations- und Zeichenprozesse gehen also oft Hand in Hand, sie können jedoch ebenso erheblich voneinander abweichen.

Codierte Zeichen

Vergleichen wir die Kommunikation, wie zuvor gezeigt, mit der Übertragung eines Funksignals, können wir schnell ein charakteristisches Merkmal von Zeichen in Kommunikationsprozessen ausmachen: die Codierung. Denn um eine Nachricht über Funkwellen übermitteln zu können, muss sie in ein entsprechendes Signal codiert werden. Der Schweizer Indogermanist Ferdinand de Saussure, einer der wegweisenden Sprachforscher des späten 19. und frühen 20. Jahrhunderts, sprach zum ersten Mal allgemein von der Codierung sprachlicher Zeichen. Vor allem seit den 1960er-Jahren ist oft davon die Rede, dass die Bedeutung sprachlicher Zeichen in ihnen codiert sei. Häufig wird dabei das Zeichensystem der Sprache selbst als ein Code verstanden. Man könnte also sagen, dass die deutsche Sprache und die französische Sprache auf zwei unterschiedlichen Codes basieren, die bestimmen, welches Zeichen welche Bedeutung hat. Innerhalb einer Sprache lassen sich wiederum zahlreiche weitere Codes finden, sogenannte Sub-Codes, wie zum Beispiel Dialekte, Jugendsprachen oder Fachsprachen.

Das Wort »Code« geht auf den aus dem Lateinischen entlehnten Begriff »Kodex« zurück, mit dem ursprünglich hölzerne Schreibtafeln, später Handschriftensammlungen bezeichnet wurden und der im juristischen Kontext vor allem im Sinne von Gesetzbuch und Gesetzessammlung bekannt ist. Hiervon ausgehend werden unter einem Kodex auch alle Verhaltensregeln verstanden, die in einer bestimmten Gruppe herrschen – eine besondere Form ist zum Beispiel der Ehrenkodex, der festlegt, welche Verhaltensweisen in einer Gruppe als ehren- oder unehrenhaft gelten. In der Grundbedeutung eines ungeschriebenen oder geschriebenen Regelsystems begegnet uns der Code schließlich in zahlreichen Wissenschafts- und Lebensbereichen, vom genetischen Code über die Kryptografie bis zum sogenannten

CODE
D
FRAN
ÉDITION ORIGINA
GRAND-JUG
DE L'IMPRI

Dresscode. Reden wir von der Sprache als Code, ist damit also die Summe aller Regeln gemeint, nach denen die Sprache als Ganzes funktioniert und die ein Sprecher kennen muss, um die verschiedenen sprachlichen Zeichen zu verstehen und richtig zu gebrauchen. Solche Regeln gibt es auf den unterschiedlichsten Ebenen der

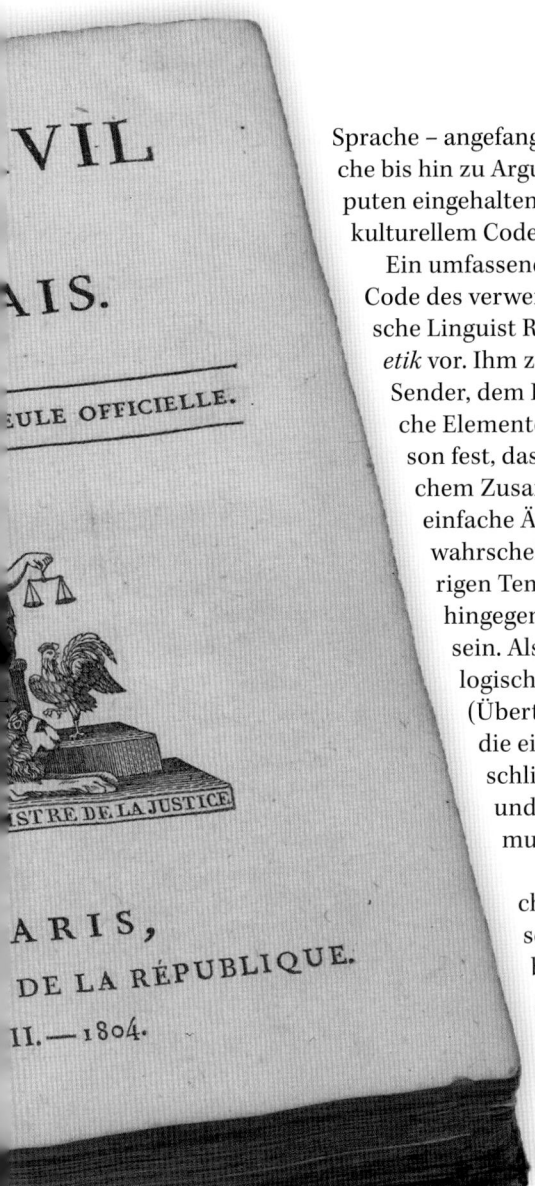

Sprache – angefangen bei der Grammatik und der Semantik über die Aussprache bis hin zu Argumentationsstrukturen, die bei Konversationen oder Disputen eingehalten werden müssen. Die Grenze zwischen sprachlichem und kulturellem Code ist dabei oft fließend.

Ein umfassenderes Zeichen- oder Kommunikationsmodell, das den Code des verwendeten Zeichensystems berücksichtigt, stellte der russische Linguist Roman Jakobson 1960 in seinem Aufsatz *Linguistik und Poetik* vor. Ihm zufolge gehören zu jedem Kommunikationsakt neben dem Sender, dem Empfänger und dem Zeichen selbst drei weitere wesentliche Elemente: der Kontext, der Kontakt und der Code. So stellte Jakobson fest, dass die Bedeutung eines Zeichens davon abhängt, in welchem Zusammenhang es kommuniziert wird. Beispielsweise ist die einfache Äußerung »Mir ist kalt« an einem kalten Wintertag sehr wahrscheinlich eine normale Zustandsbeschreibung, die den niedrigen Temperaturen geschuldet ist. An einem heißen Sommertag hingegen könnte dieselbe Aussage ein Hinweis auf eine Erkrankung sein. Als »Kontakt« bezeichnete Jakobson sowohl die psychologische Verbindung wie den physikalischen »Kanal« – also das (Übertragungs-)Medium – zwischen Sender und Empfänger, die eine Kommunikation ermöglichen. Der Sprachcode regelt schließlich, welche Zeichen welche Informationen vermitteln, und muss daher für einen erfolgreichen Austausch allen Kommunikationsteilnehmern bekannt sein.

Roman Jakobson behauptete, dass die menschliche Sprache das einzige Zeichensystem sei, das in der Lage sei, sich selbst zum Thema zu machen und seinen eigenen Code zu beschreiben. Genau darin sah Jakobson den Grund, warum nur wir als Menschen Poesie und Kunst betreiben und die Beschäftigung damit so faszinierend finden: In der Poesie und der Kunst erkennen wir das Wesen der Sprache und der Zeichen selbst. Da für Jakobson das Denken, die Wahrnehmung, die Kommunikation sowie das Bewusstsein untrennbar und wesentlich mit der Sprache verknüpft sind, liegt ihm zufolge in einem tieferen Verständnis der Sprache zugleich ein Schlüssel zu den großen Fragen der Philosophie und Psychologie.

Über das Verstehen und das Missverstehen

Wenngleich die Bedeutung von Zeichen durch zahlreiche Regeln und Konventionen bestimmt zu sein scheint, kommt es doch immer wieder vor, dass Zeichen nicht eindeutig sind oder missverstanden werden. Wie lässt sich dies erklären?

Liegt es daran, dass der Zeichensender sie nicht richtig benutzt, oder daran, dass der Zeichenempfänger sie nicht richtig interpretiert? Oder liegt es auch an den Zeichen selbst? Bestimmte Kommunikationsformen scheinen es förmlich darauf anzulegen, mehrdeutig zu sein. Das Flirten beispielsweise besteht gerade in der Kunst, etwas nicht eindeutig zu sagen, sondern Andeutungen zu machen und so den Ausgang einer Begegnung offenzuhalten. Im wissenschaftlichen Kontext, wo es darum geht, Phänomene eindeutig zu bestimmen, wäre eine solche Verhaltensweise dagegen völlig unangebracht.

Allein die Tatsache, dass ein und dasselbe Zeichen, wie Bühler zeigt, drei verschiedene Funktionen erfüllen kann, eröffnet ein weites Feld für Missverständnisse verschiedenster Art. In dem bereits genannten Fall des Satzes »Es zieht!« könnte

Darstellung des Okina, der Figur des alten Mannes, in einer Nō-Aufführung

der Empfänger der Botschaft diese zum Beispiel nicht in ihrer Funktion als Appell auffassen, sondern als reine Beschreibung der Wirklichkeit. Über das Erkennen der verschiedenen Funktionen sprachlicher Äußerungen hinaus ist es, wie wir bei Jakobson sahen, eine Voraussetzung für eine gelingende Kommunikation, dass der Zeichensender und der Zeichenempfänger, zumindest in Teilen, über denselben

Siegel aus der Harappa-Kultur mit Tierdarstellung und Schriftzeichen, um 2500–1700 v. Chr.

Code verfügen. Zudem müssen sich beide sowohl in physikalischem wie in psychologischem Sinne auf demselben »Kanal« befinden und Zugang zu dem Kommunikationskontext haben, aus dem sich die genauere Bedeutung der Zeichen ergibt.

So können insbesondere Kulturdifferenzen dafür verantwortlich sein, dass Zeichen nicht richtig verstanden werden. Jeder, der ausschließlich in der westlichen Tradition aufgewachsen ist, wird etwa große Schwierigkeiten haben, das japanische Nō-Theater zu verstehen. Bei dieser Form des traditionellen japanischen Tanztheaters tragen die Schauspieler Masken, die Götter, Geister, Dämonen, Ungeheuer und Tiere darstellen. Da zudem Musik und Gesang eine wichtige Rolle spielen, wird das Nō-Theater gelegentlich als »japanische Oper« bezeichnet. Es gibt rund 450 Maskentypen für verschiedene Charaktere, und je nach Neigungswinkel zeigen sie wiederum einen anderen Gesichtsausdruck. Die Aufführungen folgen einer strengen Choreografie, die das hochstilisierte Ergebnis einer jahrhundertealten Tradition ist. Wer nicht mit der Bedeutung der zahlreichen Gesten, Gegenstände und Bewegungen vertraut ist, wird kaum etwas vom Geschehen auf der Bühne verstehen. Wird beispielsweise ein geöffneter Fächer in der rechten Hand gehalten und in großen Bewegungen vor der Brust auf und ab bewegt, so kann dies Freude, Aufregung, Wut oder Mut bedeuten. Noch schwieriger wird es im Falle von Artefakten und Zeichen von untergegangenen Kulturen. So war die Bedeutung der Steinquader von Stonehenge zum Beispiel über viele Jahrhunderte völlig rätselhaft und einige alte Schriftzeichen wie jene der Harappa-Kultur, die um 2000 v. Chr. im Industal existierte, können heute noch immer nicht sicher entschlüsselt werden.

Wie wir mit Zeichen handeln

Unsere Kommunikation dient in vielen Fällen dem Austausch von Informationen, Absichten und Emotionen. Bereits das Kommunikationsmodell von Bühler machte jedoch deutlich, dass eine sprachliche Äußerung immer auch mehr enthalten kann, als sie eigentlich »sagt«, wie etwa eine Aufforderung an den Empfänger, sich in einer bestimmten Weise zu verhalten. Unter anderem im Anschluss an Wittgenstein brachten die beiden Sprachphilosophen John Austin und John Searle schließlich eine völlig neue Perspektive in die Semiotik. Ihnen zufolge sind sprachliche Äußerungen weit mehr als lediglich mündlich oder schriftlich geäußerte Sätze: Wenn beispielsweise bei

INFO

John Austin und John Searle

Die Sprechakttheorie geht maßgeblich auf die Arbeiten von John Langshaw Austin (1911–1960) und John Rogers Searle (geb. 1932) zurück. 1955 hielt Austin eine Vorlesung, die unter dem Titel *How to Do Things with Words* (»Wie man mit Worten Dinge tut«) 1962 als Buch veröffentlicht wurde. Darin behauptet er, dass jede sprachliche Äußerung zugleich eine Handlung sei. Dabei unterscheidet er drei verschiedene Teilakte, die mit einer sprachlichen Äußerung vollzogen werden: erstens das normale Sprechen selbst (»Lokution«); zweitens die eigentliche Sprechhandlung wie eine Bitte oder eine Warnung (»Illokution«); drittens die Beabsichtigung einer bestimmten Wirkung (»Perlokution«), zum Beispiel das Befolgen des gegebenen Befehls. Neben Austin gilt John Rogers Searle als zentraler Vertreter der Sprechakttheorie. Auch Searle geht (unter anderem in *Speech Acts*, 1969) von der Annahme aus, dass Sprechen mehr ist als der bloße Vorgang, Worte auszusprechen. Searle erweitert die von Austin vorgelegte Theorie allerdings um einen wichtigen Aspekt, indem er ähnlich wie Wittgenstein betont, dass Sprechakte stets bestimmten Regeln folgen, die für ihre Bedeutung konstitutiv sind. Im Fall eines Versprechens etwa lautet die Regel, dass das Gesagte eingehalten werden muss. Zur Klärung der Bedeutung von Sätzen müssen demnach die Regeln der Sprechakte geklärt werden.

einer Taufe der Satz gesagt wird »Ich taufe dich auf den Namen Gregor«, dann ist damit nämlich zugleich eine Handlung vollzogen. Solche Äußerungen bezeichneten sie als sprachliches Handeln oder als »Sprechakt«. Bei einem Sprechakt verändert die Verwendung eines (Sprach-)Zeichens stets die Realität. Neben der Taufe sind Erklärungen unter Eid, Befehle oder Versprechen typische Beispiele für solche Sprechakte. Jeder Sprechakt soll etwas ganz Konkretes bewirken: So soll der Befehl »Setzen Sie sich!« eine andere Person dazu bringen, sich zu setzen, während das Versprechen »Ich werde kommen!« die Erwartung beim anderen hervorruft, dass wir tatsächlich kommen. In ihren Sprechakttheorien gingen Austin und Searle so

John Searle: »Ich behaupte, dass im wortwörtlichen Sinne der programmierte Computer das versteht, was das Auto und die Rechenmaschine verstehen, nämlich gar nichts.«

gar so weit, zu behaupten, dass im Grunde jede sprachliche Äußerung als ein Sprechakt aufgefasst werden kann. Dabei könne man die verschiedenen Sprechhandlungen lediglich über ihren jeweiligen Zweck unterscheiden. Sprechakte können dazu dienen, sich selbst von etwas zu überzeugen, eine Antwort auf eine Frage zu bekommen, einen Glückwunsch auszusprechen oder sich schlicht mitzuteilen.

Die Sprechakttheorie geht also davon aus, dass Zeichen nicht einfach nur auf etwas in der Welt verweisen, sondern ebenso konkrete Handlungen sein können, die auf eine Wirkung in der Welt abzielen. Damit Zeichenprozesse wie sprachliche Äußerungen als Handlungen verstanden werden können, ist es allerdings nötig, dass der Zeichenbenutzer verschiedene Wünsche, Überzeugungen, Absichten und Ähnliches hat, die sich auf bestimmte Objekte oder Sachverhalte richten – mit anderen Worten: dass er über einen Geist verfügt, der sich aktiv auf die Welt beziehen kann. In Anknüpfung unter anderem an den deutschen Philosophen Franz Brentano (1838–1917), der darin das entscheidende Merkmal fand, um psychische Vorgänge von physischen Zuständen zu unterscheiden, bezeichnete Searle diese Objektgerichtetheit des Geistes auch als »Intentionalität« (von lat. *intentio*, »Gespanntsein«). Für Searle liegt hierin schließlich die entscheidende Bedingung dafür, dass unsere sprachlichen Äußerungen überhaupt eine Bedeutung haben. Diese These ist überaus folgenreich und wurde äußerst kontrovers diskutiert, denn sie besagt nicht weniger, als dass bedeutungsvolle Zeichen nur von Wesen mit einem selbstständig auf die Welt gerichteten Bewusstsein hervorgebracht werden können – und die Bedeutung von Zeichen mithin ebenfalls allein von diesen verstanden werden kann. Selbst wenn es heute möglich ist, Computer so zu programmieren, dass sie korrekt gebildete Sätze produzieren, werden sie also, da ihnen das intentionale Bewusstsein fehlt, die Bedeutung von Sprache niemals verstehen können.

Zeichenprozesse jenseits der Kommunikation

Ein Blick in die unterschiedlichen wissenschaftlichen Disziplinen, in denen Konzepte von Kommunikation eine Rolle spielen, zeigt, dass es weit über 160 verschiedene Definitionen des Begriffs »Kommunikation« gibt. Doch selbst diese Vielfalt an Modellen genügt nicht, um all das, was Zeichenprozesse sind, zu beschreiben. Selbst wenn es in vielen Fällen hilfreich ist, Zeichenprozesse als Kommunikationsprozesse zu beschreiben, so erschöpft sich das Verständnis von Zeichen doch keinesfalls darin.

Es wurden bereits einige Fälle genannt, die verdeutlichen, dass die Rede von Zeichen nicht nur dann sinnvoll ist, wenn eine kommunikative Absicht vorhanden ist. Ein weiteres Beispiel ist das Husten. Zunächst ist es eine unwillkürliche körperliche Reaktion, die meist nur einen ganz konkreten physiologischen Zweck hat: und zwar Keime oder kleine störende Objekte wieder aus dem Körper zu befördern. Es kann jedoch zugleich Zeichen für eine Erkrankung der Atemwege sein oder sogar Funktionen im Rahmen einer Kommunikation übernehmen. Das Hüsteln kann eine ironische Spitze andeuten, eine Pointe vorbereiten oder etwas infrage stellen. Das Husten befindet sich damit sowohl an der Schwelle zwischen Zeichenhaftem und Nichtzeichenhaftem als auch an der Schwelle zwischen Kommunikativem und nicht Kommunikativem.

Einer der Zeichentheoretiker der ersten Stunde, der amerikanische Philosoph Charles Sanders Peirce, verstand daher unter Zeichenprozessen, sogenannten Semiosen, weit mehr als alles, was mit Kommunikation und damit verbundenen Vorgängen zu tun hat. Für Peirce war schlichtweg alles, was im Menschen, in der Welt und im Universum vor sich geht, semiotisch. Zeichen finden sich ihm zufolge also nicht nur innerhalb des menschlichen Lebenszusammenhangs, sondern überall in der Natur.

Peirce steht damit für eine Richtung der Semiotik, die eine besonders weite Perspektive auf die Zeichen einnimmt. Er unterschied die Zeichen in drei Kategorien: in indexikalische, ikonische und symbolische Zeichen oder auch Indizes, Ikone und Symbole. Die unterste und einfachste Kategorie sind die *indexikalischen Zeichen* (von lat. *index*, »Anzeiger«), die sich durch eine eindeutige kausale Verweisstruktur auszeichnen. Als Wirkung eines Objekts oder Vorgangs weisen sie stets direkt auf ihre Ursache hin. Typische Beispiele hierfür sind der erwähnte Rauch, der auf ein Feuer hindeutet, oder die Spuren, die ein Tier im Sand hinterlässt. Die *ikonischen Zeichen* (von gr. *eikṓn*, »Bild«) hingegen weisen eine eindeutige, meist bildliche Ähnlichkeit zu dem, was sie bezeichnen, auf. So ist etwa ein grafisches Zeichen eines Hundes mit einer Leine ein Abbild dessen, worauf es verweist, nämlich die Leinenpflicht für Hunde. Die *symbolischen Zeichen* (von gr. *sýmbolon* , urspr. »Zusammengefügtes«) sind schließlich diejenigen Zeichen, die zu dem jeweils Bezeichneten in keiner kausalen oder abbildhaften Beziehung stehen, sondern allein aufgrund einer Konvention damit assoziiert sind. Beispielsweise sind alle sprachlichen Zeichen, die keine lautmalerische oder bildliche Ähnlichkeit zu dem haben, was sie bezeichnen, symbolische Zeichen, wie das deutsche Wort »Baum«.

INFO

Charles Sanders Peirce

Charles Sanders Peirce (1839–1914), dessen Werk zu Lebzeiten fast vollständig unbekannt war, gehört heute, nicht zuletzt als Begründer des sogenannten Pragmatismus, zu den bedeutendsten Philosophen Amerikas. Schon früh von seinem Vater umfassend gefördert, begann Peirce mit 16 Jahren ein Studium der Philosophie, Mathematik, Naturwissenschaften sowie neuer und alter Sprachen am Harvard College. 1959 wurde er Mitarbeiter eines staatlichen geodätischen Instituts, für das er, abgesehen von vorübergehenden Lehrtätigkeiten als Dozent für Logik, bis 1891 arbeiten sollte. Peirce verfasste Werke in den unterschiedlichsten wissenschaftlichen Disziplinen, doch trotz zahlreicher Veröffentlichungen und Vorträge blieb ihm eine akademische Karriere lebenslang verwehrt. Als Philosoph leiteten ihn in seinen Untersuchungen vor allem Fragen nach der Erkenntnis: Wie erkennen wir Menschen uns und die Welt, wie gelangen wir zu Meinungen und Überzeugungen und welche Rolle spielen die Zeichen in diesen Zusammenhängen? Der umfassende Zeichenbegriff, den Peirce dabei entwickelte, wurde zu einer der wesentlichen Grundlagen der Semiotik. Eine seiner zentralen Ideen war, dass sich das Denken selbst ausschließlich in Zeichenprozessen vollzieht und wie die Zeichen nicht nur beim Menschen, sondern überall in der Natur beobachtet werden kann:

Denken ist nicht notwendigerweise mit einem Gehirn verbunden.
Es erscheint in der Arbeit von Bienen, Kristallen und überall
in der rein physikalischen Welt.

DIE ECHTHEIT DER ZEICHEN: VOM SYMPTOM ZUR SIGNATUR

Indexikalische Zeichen beziehungsweise Anzeichen, die von einer in der Regel nachweisbaren Ursache hervorgebracht werden, gelten für viele als besonders »echte« Zeichen. Darunter fallen etwa die Abdrücke, die Tiere im Schnee oder im Sand hinterlassen, der Rauch, der sich bei Feuer entwickelt, oder die ersten sichtbaren Auswirkungen einer Krankheit oder eines Zustandes wie Alzheimer oder einer Schwangerschaft. All diese Anzeichen haben gemeinsam, dass es sich um die erkennbaren Folgen

Die Spuren am Ort eines Verbrechens können den Ermittlern Aufschluss über den Tathergang und den Täter geben.

eines auslösenden Ereignisses handelt. Indexe stehen damit in einem besonders engen räumlichen und zeitlichen Verhältnis zu den Objekten oder Sachverhalten, auf die sie verweisen. Dieser Vorgang des Verweisens bei indexikalischen Zeichen wird auch »Indikation« genannt. Da Anzeichen in einer natürlichen, kausalen Verbindung zu dem Bezeichnetem stehen, kann diese Klasse von Zeichen im Unterschied zu anderen nicht (technisch) reproduziert werden: Es handelt sich hierbei stets um »Originale«.

Für bestimmte Berufsgruppen ist die Frage der Echtheit von Zeichen äußerst relevant: Detektive, Forensiker, Ärzte, Psychiater, Jäger oder Gutachter, die Kunstwerke überprüfen – sie alle sind Spurenleser, auf der Jagd nach den richtigen Indizien, die zu dem gesuchten Objekt oder dem wahren Ursprung des Zeichens führen. An der Echtheit der Zeichen hängt oft viel: Handelt es sich bei den Spuren am Tatort um echte Zeichen, die auf den Täter verweisen, oder nur um Finten, die von ihm ablenken sollen? Handelt es sich bei dem in einem Keller entdeckten Gemälde um einen echten, bislang unbekannten Van Gogh? Geradezu lebenswichtig kann die richtige Unterscheidung zwischen den echten und falschen Krankheitszeichen sein. Es ist daher kaum verwunderlich, dass wir die ersten Semiotiker auf dem Gebiet der Medizin finden.

Vom Ursprung der Semiotik in der Medizin

Lange vor der Begründung der modernen Semiotik war im Bereich der Medizin bereits von einer Lehre der Zeichen die Rede. Die medizinische Semiotik beschäftigte sich mit der Deutung von Krankheitszeichen, also der Symptome (von gr. *sýmptōma*, »vorübergehende Eigentümlichkeit«). Schon im Bereich der Medizin wurde diesen speziellen Zeichen eine dreifache Bedeutungsdimension zuerkannt: Die richtige Deutung der Symptome verschaffte Zugang zu einem Wissen über das Vergangene (wie es zu der Erkrankung kam), die Gegenwart (um welche Krankheit es sich handelt) und die Zukunft (den Verlauf der Krankheit). In der zeitgenössischen Medizin findet sich diese Dreiteilung noch immer, und zwar in der Abfolge von Anamnese, Diagnose und Prognose. Das erste *Handbuch der Semiotik*, das 1801 erschien, war ein medizinisches Lehrbuch des Botanikers und Mediziners Kurt Sprengel, das von den Krankheitszeichen und Symptomen handelte.

Ärztlicher Besuch (Pulsuntersuchung und Harnschau), Gemälde von Jacob Toorenvliet, Ende 17. Jh.

Eines der ältesten Krankheitsbilder der Menschheitsgeschichte ist die Lungentuberkulose, die früher auch Schwindsucht genannt wurde. Bereits der antike Arzt Hippokrates, auf den die erste medizinische Ethik, der »Eid des Hippokrates«, zurückgeht, lieferte ausführliche Beschreibungen der Symptome, die er an den Erkrankten beobachtete:

Das Fieber verlässt sie nicht, niedrig ist es am Tag, aber in der Nacht flammt es wieder auf, es kommt zu reichlichen Schweißabsonderungen, die Kranken haben Hustenreiz, und dennoch ist der Auswurf unerheblich. Die Augen liegen tief in ihren Höhlen, die Backen röten sich, die Fingernägel biegen sich um, die Hände fangen an zu brennen, besonders an den Fingerspitzen, und die Füße schwellen an, der Appetit geht verloren ... Diejenigen, die schaumiges Blut spucken, husten es aus der Lunge aus ...

Darstellung eines Mannes, der an Lungentuberkulose leidet, in Karl Heinrich Baumgärtners medizinischem Atlas *Kranken-Physiognomik* (1839), Ausgabe von 1929. Erst 1882 gelang Robert Koch die Entdeckung des Tuberkuloseerregers *Mycobacterium tuberculosis.*

Hippokrates führte die Tuberkulose auf schlechte Luft zurück, die von faulen Gewässern stamme und einen Ansteckungsstoff enthalte, der sowohl Menschen wie Tiere anfällig für die Erkrankung mache. Seit dem Zeitalter der Renaissance und insbesondere in der Aufklärung wuchs jedoch das Verständnis für Krankheiten, Erreger, die Funktionsweise des menschlichen Körpers und die Bedeutung von Hygiene. In der zweiten Hälfte des 17. Jahrhunderts wurden schließlich die ersten Bakterien entdeckt, als der niederländische Naturforscher Antony van Leeuwenhoek mit einem der von ihm verbesserten Lichtmikroskope faulendes Regenwasser und menschlichen Speichel auf kleinste Organismen untersuchte.

Da Krankheitserreger in einem eindeutigen kausalen Zusammenhang zu den Veränderungen stehen, die sie im menschlichen (oder tierischen) Körper hervorrufen, lassen sich diese Reaktionen klar zu den indexikalischen Zeichen zählen. Allerdings wird innerhalb der Medizin noch einmal zwischen objektiv messbaren Symptomen wie Fieber, Hautausschlag oder Veränderungen im Blutbild und ausschließlich subjektiv wahrnehmbaren Symptomen wie Schmerzen, Juckreiz oder Müdigkeit unterschieden. Im Gegensatz zu messbaren Körperreaktionen können subjektive Wahrnehmungen wie Bauchschmerzen auch simuliert, eingebildet oder von zahlreichen anderen Umständen mit beeinflusst sein, was sie zu weitaus weniger verlässlichen Krankheitszeichen macht. Dennoch bleibt es selbst bei den objektiven Zeichen nicht selten eine Kunst, die Spur zu den richtigen Auslösern zurückzuverfolgen. Dass der Verweischarakter von Symptomen deutlich komplexer ist als der von Signalen oder Tierspuren, zeigt sich insbesondere daran, dass nicht jedes körperliche Symptom eine körperliche Ursache haben muss – wie im Fall von psychosomatischen oder psychischen Störungen.

Spuren und Symptome in der Psychoanalyse

Die Psychologie kennt nicht nur die indexikalischen Zeichen, die an der Oberfläche des Körpers sichtbar werden, sondern ebenso solche, die in einer veränderten Wahrnehmung oder Verhaltensweise bestehen. Der Neurologe, Kulturtheoretiker und Begründer der Psychoanalyse, Sigmund Freud (1856–1939), interessierte sich sowohl für die Funktionsweise des Nervensystems als auch für das Seelenleben der Menschen. Und in beiden Bereichen gelangte er zu Erkenntnissen, die bis heute gültig sind.

Freuds neurologische Untersuchungen widmeten sich vor allem der Frage, wie die Verbindungen und Verknüpfungen zustande kommen, die die körperliche Grundlage für Wahrnehmungen und Erinnerungen darstellen. In seinen Schriften beschreibt er, wie neuronale Signale zu einer dauerhaften Erinnerungsspur beziehungsweise zu komplexen Mustern werden. Erwähnenswert ist dabei insbesondere seine *Notiz über den »Wunderblock«* (1925), in der er die Funktionsprinzipien des Gehirns mit der Funktionsweise eines Wunderblocks oder einer Zaubertafel vergleicht. Ein Wunderblock verfügt über zwei Elemente: eine berührungsempfindliche Oberfläche wie eine Folie, die mit einem geeigneten

Sigmund Freud: »Die Traumdeutung aber ist die Via regia zur Kenntnis des Unbewussten im Seelenleben.«

Josef deutet die Träume
des Pharao, Gemälde von
Raffael, um 1515

Stift beschrieben werden kann, und eine darunterliegende Wachsschicht, die die
gezeichneten Spuren aufnimmt. Durch den Druck des Stiftes werden die Schreib-
oberfläche und die Wachsschicht miteinander verbunden und eine Linie oder
Zeichnung wird sichtbar. Wenn beide durch einen Mechanismus wieder voneinander gelöst werden, verschwindet die Schrift oder die Zeichnung von der Oberfläche,
sodass diese neu beschrieben werden kann. Die Besonderheit des Wunderblocks
ist jedoch, dass eine leichte Einkerbung im Wachs zurückbleibt. Dieses Prinzip
überträgt Freud auf die psychischen Systeme des Wahrnehmungsbewusstseins
und des Gedächtnisses. Die äußere Schicht, die für das Wahrnehmen zuständig ist,
nimmt die Spuren nur kurz auf, um sodann wieder neue Reize zu empfangen, und
in einer tieferen Schicht, im Gedächtnis, werden sie zu dauerhaften Erinnerungs-
spuren. Wie bei der Wachsschicht kommt es hierbei zu Überschreibungen, Veränderungen und Verschiebungen.

Die neuronalen Spuren und »Bahnungen«, die Muster und Vernetzungen der
Nervenzellen mögen nun zwar erklären, wie Wahrnehmungen und Erinnerungen

im Gehirn aufgenommen und gespeichert werden, deren Bedeutung oder Sinn ergibt sich für Freud daraus aber noch nicht. Besonders deutlich wird dies am Beispiel der Träume: Einerseits gibt es eine natürliche Quelle der Traumzeichen – die Aktivität der Neuronen während des Schlafs –, andererseits haben die im Traum erscheinenden Bilder Freud zufolge einen eigenen Sinn, der sich deuten lässt.

An die systematische Erforschung und Deutung von Träumen machte sich Freud in seinem Buch *Die Traumdeutung*. In dieser im Jahr 1900 veröffentlichten Studie legte er den Grundstein für eine Analyse der Bilderschrift, die er in den Träumen seiner Patienten erkannte. Für Freud sind Träume zwar der Ausdruck eines Aspekts der je individuellen Persönlichkeit und Geschichte des Träumenden, sodass jede Traumdeutung notwendig selbst individuell sein muss. Darauf aufbauend versuchte er aber dennoch, einen überpersönlichen Code des »Traummaterials« zu entschlüsseln, mit dessen Hilfe Träume systematisch gedeutet werden können.

INFO

Die Tradition der Traumdeutung

Die Deutung von Träumen kann auf eine sehr lange und uneinheitliche Tradition zurückblicken. Das breite Spektrum der Positionen zu diesem Thema reicht von der Ansicht, dass Träume gänzlich ohne Bedeutung und nicht mehr als ein Überbleibsel der Evolution seien, bis zu der Meinung, dass Träume die Fähigkeit hätten, die Zukunft vorherzusagen. Besonders in früheren Zeiten wurden sie als höchst bedeutsam wahrgenommen, als Zeichen, die eine göttliche Botschaft enthielten. Ihre oft rätselhafte Bedeutung zu entschlüsseln, ist seit Langem das Geschäft von Traumdeutern. Bereits in den alten Hochkulturen gab es Tempel, in denen Priesterinnen aus durch Rauschmittel induzierten Träumen die Zukunft prophezeiten. Auch im Alten Testament finden sich berühmte Geschichten, in denen es um die Deutung von Träumen geht. So erzählt das Buch Genesis von Josef, der als Einziger die Träume des Pharao zu deuten imstande ist und Ägypten sieben fruchtbare Jahre und sieben Dürrejahre vorhersagt. Im Mittelalter erfreuten sich Traumbücher, sogenannte Losbücher, großer Beliebtheit. Sie gehen auf arabische und antike Traditionen zurück und dienten der Vorhersage von Krankheitsverläufen und Naturereignissen. Die Künstler der Romantik erkannten im Traum wiederum eine Quelle der menschlichen Fantasie, Kreativität und Imagination. Seit Sigmund Freud die Psychoanalyse begründete, gelten die Regungen des Seelenlebens schließlich als Symptome, die auf den Zustand und mögliche Störungen des »psychischen Apparats« schließen lassen.

Die Bedeutung von Träumen und der darin vorkommenden Symbole kommt laut Freud auf unterschiedliche Arten zustande, doch gilt für ihn dabei stets: »Der Traum ist eine Wunscherfüllung.« Als Beleg führt er einen Traum seiner Tochter an:

Mein jüngstes Mädchen, damals neunzehn Monate alt, hatte eines Morgens erbrochen und war darum den Tag über nüchtern erhalten worden. In der Nacht, die diesem Hungertag folgte, hörte man sie erregt aus dem Schlaf rufen: »Anna Freud, Er(d)beer, Hochbeer, Eier(s)peis, Papp.« Ihren Namen gebrauchte sie damals, um die Besitzergreifung auszudrücken; der Speisezettel umfasste wohl alles, was ihr als begehrenswerte Mahlzeit erscheinen musste.

Träume sind für Freud die »Hüter des Schlafs«: Sie sind der Ort, an dem unerfüllte Wünsche und Triebe, die uns sonst den Schlaf rauben würden, ihre Erfüllung finden. Die Wünsche kommen im Traum allerdings normalerweise nicht so direkt zum Ausdruck wie in dem Beispiel von Freuds Tochter. Statt sich unverhüllt zu erkennen zu geben, taucht der im Wachzustand oft verdrängte Wunsch im Traum gewöhnlich in veränderter Gestalt auf. Freud spricht hierbei von Deckerinnerungen, Verschiebungen oder Verdichtungen. Obwohl also einerseits im Traum die Wahrheit artikuliert wird, erscheint sie andererseits durch den Prozess des Träumens in »entstellter« Form. Bei der Deutung von Traumbildern und Traumsymbolen handelt es sich deshalb im Grunde um einen, wenngleich äußerst komplizierten, Vorgang der Übersetzung. Da es die Entschlüsselung der Traumbilder ermöglicht, tiefer liegende, problematische Wünsche und Begehren des Träumenden freizulegen, stellt die Traumdeutung für Freud letztlich den Königsweg der Psychoanalyse dar.

»Echte« Zeichen und Echtheitszeichen

Neben der Medizin gibt es eine weitere Disziplin, in der der Begriff »Semiotik« noch vor seiner modernen Prägung verwendet wurde. Als »Zeichenkunde« wurde im 18. und 19. Jahrhundert jener Teilbereich der sogenannten Diplomatik, der Urkundenlehre, bezeichnet, der sich mit dem Echtheitsnachweis von Urkunden und notariellen Schriftstücken befasst. Um die Echtheit von Dokumenten zu überprüfen, werden verschiedene geschriebene und gedruckte Zeichen wie Signaturen, Siegel, Monogramme oder Notariatszeichen detailliert untersucht. Auch hier geht es um das Individuelle und Originale von Zeichen – diesmal allerdings im Bereich der arbiträren, konventionellen Zeichen und Symbole. In jeder schriftlichen Realisierung eines arbiträren Zeichens wie der des eigenen Namens in der Unterschrift lassen sich indexikalische Spuren und Anzeichen entdecken, die auf den Schreiber hinweisen. Die Suche nach Spuren, die die Echtheit von Dokumenten garantieren, führte aber ebenso zu einer genauen Betrachtung der materiellen Träger jener grafischen Zeichen.

Das Hologramm auf dem 100-Euro-Schein zeigt je nach Neigung die Wertzahl oder das Bild eines Fensters oder Tors.

Urkunde über die Schenkung Bambergs an Herzog Heinrich von Bayern durch Kaiser Otto II. im Jahr 973 mit kaiserlichem Siegel

Es gibt zahlreiche Situationen, in denen viel davon abhängt, ob Zeichen auf Papier glaubhaft sind oder ob es sich um Fälschungen handelt. Deshalb wird beispielsweise die Echtheit der Euro-Banknoten heutzutage durch eine Vielzahl von Sicherheitsmerkmalen wie Hologramme, Wasserzeichen, Farbeffekte und Reliefs verbürgt, die in der Summe schwer zu fälschen sind. Die Vorläufer des heutigen Papiergeldes waren Schuldscheine, die ähnlich zirkulierten wie später die Geldscheine. Auf ihnen fanden sich lediglich die Unterschriften von Schuldner und Gläubiger sowie der geschuldete Geldbetrag. Das entscheidende Kriterium, das hier über den Wert des Schriftstückes entschied, war die Echtheit der Unterschriften. Die Spuren der Signaturen garantierten die Echtheit der Dokumente (und damit ihren Wert), indem sie die Urheber eindeutig identifizierten.

Dass die Handschrift und die Unterschrift etwas zählt und für Echtheit bürgt, ist bis heute gültig. Ein Testament ist zum Beispiel dann gültig, wenn es handschriftlich verfasst und unterschrieben ist. Generell lassen wir uns Wichtiges gerne »schriftlich geben«. Verträge, eidesstattliche Erklärungen und selbst manche Bezahlvorgänge mit EC-Karte besiegeln wir mit einer Unterschrift. Die Unterschrift wird auch »Signatur« genannt, was sich vom lateinischen Wort *signum* für »Zeichen« ableitet. Fehlt dieses Zeichen auf wichtigen Schriftstücken, verlieren sie ihre Rechtsgültigkeit. In Europa bürgerte sich seit der Neuzeit zudem die Praxis ein, auf die Anwesenheit von Zeugen zurückzugreifen, um die Echtheit einer gegebenen Unterschrift zu gewährleisten.

Der Untersuchung von Handschriften widmet sich ein eigenes Fachgebiet: die Grafologie, die »Lehre von der Handschrift als Ausdruck des Charakters«. Grafologen gehen davon aus, dass es einen Zusammenhang zwischen individuellen

Charaktereigenschaften einer Person und ihrer Art, zu schreiben, gibt. Um die Echtheit einer Unterschrift zu prüfen, wird darum die Methode des Schriftvergleichs herangezogen. Ganz ähnlich werden bei Kunstwerken die individuellen Spuren, die Künstler in ihren Werken hinterlassen, gesucht – sei es in der Signatur, dem Pinselstrich, der Vorzeichnung oder anderen Details.

Neben Unterschriften können unter anderem Siegel die Funktion übernehmen, für die Echtheit von Dokumenten zu garantieren. Im ostasiatischen Kulturkreis wie etwa in Japan spielen Siegel im öffentlichen, privaten und geschäftlichen Bereich bis heute eine zentrale Rolle. Siegel sind dort zum Teil sogar wichtiger als Unterschriften. Siegel können aber auch andere Funktionen übernehmen: Eines der bekanntesten Siegel ist das Pfandsiegel, im Volksmund »Kuckuck« genannt. Dabei handelt es sich jedoch nicht um einen traditionellen Siegelstempel, sondern um eine Marke, die einer Briefmarke ähnelt. Sie wird von einem Gerichtsvollzieher auf Gegenstände geklebt, die im Rahmen einer Zwangsvollstreckung gepfändet werden.

INFO

Siegel

Neben der Unterschrift ist das Siegel eine Form der Beglaubigung der Echtheit eines Dokuments. Um ein Dokument oder einen Umschlag mit einem Siegel zu versehen, sind zwei Dinge notwendig: eine Siegelmasse (meist Siegellack, früher auch Wachs oder Ton) und ein Siegelstempel, noch älter ist allerdings die Tradition der Siegelringe. Der Siegellack wird erwärmt, dadurch verflüssigt und auf das zu siegelnde Papier aufgetragen. In das langsam wieder fest werdende Material wird dann der Siegelstempel gedrückt. Mit einem Siegel können zum Beispiel Briefumschläge versiegelt werden, um zu gewährleisten, dass ihr Inhalt unverändert bleibt. Wie die »Signatur« geht auch das »Siegel« auf das lateinische *signum*, also »Zeichen«, zurück.

Damit Siegelstempel nicht verwechselt werden, sind sie mit unverkennbaren grafischen Zeichen und bei amtlichen Siegeln mit einer Nummerierung versehen. Oft werden bildliche Darstellungen wie Wappen, Porträts oder Initialen verwendet. Die Echtheit von Siegeln ist in Deutschland durch das Gesetz garantiert, welches es verbietet, Siegel ohne Genehmigung zu verwenden oder zu zerstören. Ein privat genutztes Siegel wäre demnach kein Siegel, sondern lediglich ein Stempel. Einen besonderen Schutz vor Fälschung verspricht man sich von Siegelringen, die stets am Finger getragen werden.

DIE ZEICHEN DER SPRACHE

Die Sprache stellt für uns Menschen die wichtigste Kategorie von Zeichen dar. Der Philosoph Ernst Cassirer erkannte in der Sprache die zentrale »symbolische Form«, die es den Menschen ermöglicht, ihre Welt hervorzubringen. Die Sprache bestimmt unser Leben in nahezu allen Bereichen. Viele Philosophen, Sprachwissenschaftler, Schriftsteller und Zeichentheoretiker beschäftigten sich Ende des 19. und Anfang des 20. Jahrhunderts mit der Sprache. In dieser für die Moderne so wichtigen Übergangszeit wurde jedoch nicht nur ein Loblied auf die Sprache gesungen. Das Nachdenken über die Sprache führte auch zu Kritik und gar zu Verzweiflung. In Hugo von Hofmannsthals berühmt gewordenem *Brief des Lord Chandos an Francis Bacon* (1902) beschreibt ein junger Dichter, wie er mit der Zeit immer mehr die Fähigkeit verlor, sich mit der Sprache auf die Dinge der Welt zu beziehen:

... die abstrakten Worte, deren sich doch die Zunge naturgemäß bedienen muss, um irgendwelches Urteil an den Tag zu geben, zerfielen mir im Munde wie modrige Pilze ... Es gelang mir nicht mehr, (die Dinge) mit dem vereinfachenden Blick der Gewohnheit zu erfassen. Es zerfiel mir alles in Teile, die Teile wieder in Teile und nichts mehr ließ sich mit einem Begriff umspannen. Die einzelnen Worte schwammen um mich ...

Der Briefeschreiber leidet an zwei verschiedenen Dingen: Zum einen bemerkt er, dass die Zeichen für ihn nicht mehr den gewohnten Bezug zu ihren Referenzobjekten haben und nichts mehr zu bedeuten scheinen. Zum anderen erlebt er, wie sich die Sprache scheinbar atomisiert, in einzelne Teile auflöst. Sowohl die Zergliederung der Sprache in ihre Bestandteile wie ihr nicht existenter Bezug zu ihren Referenten wurden wenige Jahre nach dem *Chandos-Brief* erneut prominent in Szene gesetzt – dieses Mal allerdings nicht von einem an der Sprache verzweifelnden Autor, sondern von einem kühl analysierenden Wissenschaftler: Der Schweizer Indogermanist Ferdinand de Saussure setzte dazu an, die wissenschaftliche Erforschung der Sprache zu revolutionieren, und legte damit, ohne es zu wissen, einen zentralen Grundstein für die moderne Zeichentheorie.

Das sprachliche Zeichen bei Ferdinand de Saussure

Zu Ferdinand de Saussures Lebzeiten gab es so etwas wie Semiotik oder eine vergleichbare Zeichenlehre nicht. Er war einer der ersten Wissenschaftler, der erkannte, dass es so eine Disziplin aber geben muss und geben wird:

Die Sprache ist ein System von Zeichen, die Ideen ausdrücken und insofern der Schrift, dem Taubstummenalphabet, symbolischen Riten, Höflichkeitsformen, militärischen Signalen usw. usw. vergleichbar. Nur ist sie das wichtigste dieser Systeme. Man kann sich also vorstellen eine Wissenschaft, welche das Leben der Zeichen im Rahmen des sozialen Lebens untersucht.

Der Name, den Saussure für diese Wissenschaft ursprünglich wählte, lautet »Semiologie«, was wörtlich aus dem Griechischen übersetzt bedeutet: »die Lehre von den Zeichen«. Das Ziel dieser Lehre von den Zeichen ist nach Saussures Vorstellung, zu verstehen, was Zeichen sind und nach welchen Gesetzen sie funktionieren.

Die Bedeutung von Saussure für die Linguistik, die Philosophie und die Semiotik im 20. Jahrhundert ist zentral. Es gibt kaum einen namhaften Vertreter des Strukturalismus, des Poststrukturalismus oder der Dekonstruktion, der sich nicht mit seinen Schriften auseinandergesetzt hätte. Insbesondere ein Text von Saussure wurde dabei immer wieder aufs Neue herangezogen: Die Rede ist vom *Cours de linguistique générerale* (*Grundfragen der allgemeinen Sprachwissenschaft*, 1916). Die Ironie des Schicksals dieses Textes: Saussure hat ihn selbst gar nicht geschrieben. Er beruht vielmehr auf den Vorlesungsmitschriften zweier seiner Studenten. Der Text

In seinem *Chandos-Brief* spiegelt sich auch die Sprachskepsis Hugo von Hofmannsthals wider, die ihn wie viele andere Autoren am Ende des 19. Jahrhunderts nach neuen Ausdrucksmöglichkeiten suchen ließ.

erschien erstmals drei Jahre nach dem Tod von Saussure und wurde nichtsdestoweniger zu seinem einflussreichsten Werk.

Für die folgende Sprachforschung prägend wurde Saussures Auffassung, dass ein sprachliches Zeichen eine Einheit ist, die aus zwei Elementen besteht: aus einem lautlichen Ausdruck oder auch »Lautbild« – wie dem Ausdruck »Pferd« – und einem damit verknüpften mentalen Inhalt – wie der Vorstellung von einem Tier mit vier Beinen, einer Mähne, auf dem geritten wird, und so weiter. Saussure verzichtet in diesem dyadischen Zeichenmodell in jeder Hinsicht auf einen Bezug zur Außenwelt: Für ihn konstituiert sich der Inhalt eines Zeichens, also seine Bedeutung, nicht durch seine Bezugnahme auf reale Objekte, sondern allein innersprachlich durch sein Verhältnis zu anderen Zeichen. Ebenso versteht Saussure unter dem Laut*bild* genau genommen nicht die tatsächlich ausgesprochenen Laute, sondern den psychischen Eindruck oder das mentale Bild dieser Laute. Saussures Zeichenkonzept können wir insofern auch als ein psychologisches bezeichnen.

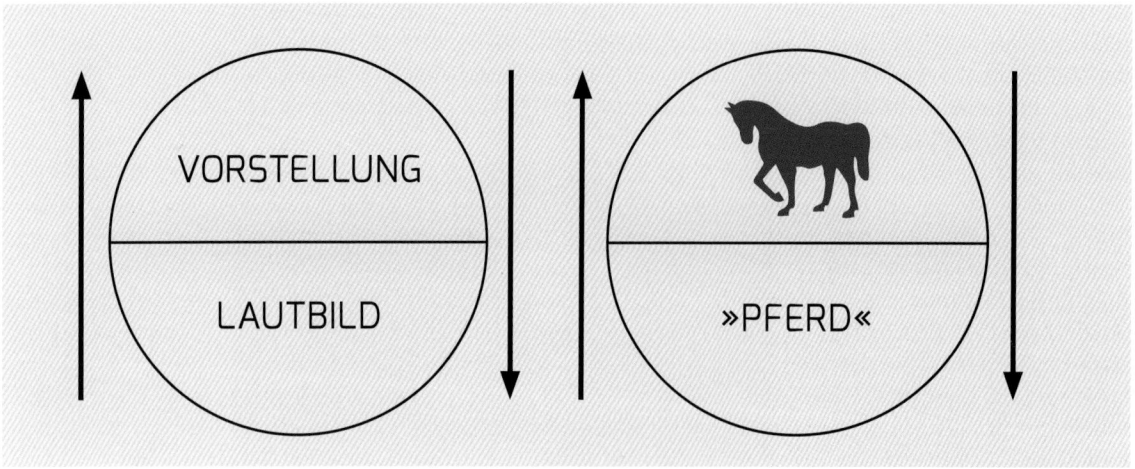

Saussure zufolge besteht ein Zeichen aus einem Lautbild und einer damit verbundenen Vorstellung, zum Beispiel dem Ausdruck »Pferd« und der Vorstellung von einem Pferd.

Ähnlich wie schon Aristoteles oder Augustinus geht Saussure dabei von einer Konventionalität der Zeichen aus, das heißt: Die Konventionen einer Sprachgemeinschaft bestimmen jeweils die Zuordnung einer bestimmten Vorstellung zu einem bestimmten Lautbild. So verknüpfen etwa die deutschen Sprachkonventionen die Vorstellung des Pferdes mit dem Lautbild »Pferd«, wohingegen man in anderen Sprachen Lautbilder wie »horse« (engl.), »cheval« (franz.), »mǎ« (chin.), »koń« (poln.), »suktanka« (lakota, Indianersprache), »morj« (mongol.) oder »hisan« (arab.) findet. Eine Vorstellung und das assoziierte Lautbild besitzen damit für Saussure keine eigene »innere« Verbindung, sondern sind in den verschiedenen Sprachgemeinschaften letztlich zufällig einander zugeordnet – er spricht hierbei auch von der Arbitrarität der Zeichen (von lat. *arbitrarius*, »willkürlich«). Dass das Pferd im Deutschen »Pferd« heißt, hat folglich keinen anderen Grund als den, dass es von allen Deutschsprechenden so genannt wird.

Saussure widersprach mit seinen Thesen einigen seit der Antike weitverbreiteten Vorstellungen von sprachlichen Zeichen. Ein Vertreter dieser Vorstellungen ist der Theologe, Dichter und Kulturphilosoph Johann Gottfried Herder, der in seiner 1772 erstmals erschienenen *Abhandlung über den Ursprung der Sprache* Überlegungen darüber anstellte, woher die Namen der Dinge kommen. Seine Antwort lautete, dass die Menschen ursprünglich versuchten, an den Dingen ein wesentliches Merkmal zu finden, woran sie sie wiedererkennen könnten. War dies einmal gefunden, ahmten sie dieses nach. Zur Verdeutlichung wählte er das Beispiel des Schafes. Das wesentliche Merkmal des Schafes, das es von anderen Tieren unterscheide, sei das Blöken. Sehe der Mensch ein Schaf, dann denke er daher: »Ha, du bist das Blökende!«

Und was war das anders als ein innerliches Merkwort? Der Schall des Blökens, von einer menschlichen Seele als Kennzeichen des Schafs wahrgenommen, ward, kraft dieser Besinnung, Name des Schafs, und wenn ihn nie seine Zunge zu stammeln versucht hätte. Er erkannte das Schaf am Blöken: es war gefasstes Zeichen, bei welchem sich die Seele an eine Idee deutlich besann – was ist das anders als Wort? ... die Sprache ist erfunden, ebenso natürlich und dem Menschen notwendig erfunden, als der Mensch ein Mensch war.

Bei Kleinkindern lässt sich dieser Vorgang immer wieder beobachten, während sie die Sprache erlernen. Bevor sie den richtigen Gebrauch von Worten verstehen, ahmen sie Geräusche nach. Saussure stellte dieses naturalistische Sprachverständnis auf den Kopf. Für seinen Einwand spricht die interessante Tatsache, dass selbst das sogenannte natürliche Nachahmen etwa von Tierlauten kulturell sehr verschieden sein kann. Während der lautmalerische Ausdruck für den Ruf eines Hahns im deutschen Sprachraum »kikeriki« lautet, ist es im Französischen »cocorico«, im Englischen »cock-a-doodle-doo« und im Chinesischen »wōwō«.

Saussure machte nun allerdings die Beobachtung, dass der Zeichengebrauch innerhalb einer Sprachgemeinschaft zwar durch zahlreiche Konventionen bestimmt ist, dieser aber keineswegs notwendig mit ihnen übereinstimmen muss. Er entwickelte deshalb ein umfassendes Modell der Sprache, das zwei Bereiche voneinander unterschied: die *Sprache* (frz. *langue*) als allgemeines, abstraktes System, das bestimmten grammatischen Regeln folgt und auf konventionell codierten Zeichen basiert, einerseits und die konkrete Verwendung der Sprache, das *Sprechen* (frz. *parole*), andererseits. Das Sprechen einer Sprache orientiert sich zwar an den abstrakten Regeln des Sprachsystems, doch es kann auch davon abweichen. So können sich in Dialekten oder verschiedenen sozialen Milieus neue Konventionen herausbilden, die möglicherweise wiederum zu neuen allgemeingültigen Regeln werden. Saussures Entdeckung war, dass es sich bei den Sprachregeln um keine universalen, für immer gültigen Gesetze handelt. Vielmehr ist es so, dass diese Regeln in

einem fortwährenden Wandel begriffen sind, insofern der konkrete Gebrauch der Sprache stets auf das Regelwerk selbst zurückwirkt. Wie sich durch eine abweichende Verwendung eines bereits etablierten Wortes dessen Bedeutung verändern kann, zeigt ein Beispiel aus der Jugendsprache: Während »fett« ursprünglich Bedeutungen wie »dick«, »Fett enthaltend« oder »breit gedruckt« (im Druckwesen) hatte, erweiterte sich dieses Bedeutungsspektrum durch die Verwendung in der Jugendsprache hin zu »super«, »sehr gut« oder »absolut in Ordnung«. Ähnliche Effekte lassen sich bei Dialekten feststellen: Im Österreichischen bedeutet »fett« so viel wie »völlig betrunken«. Saussure erkannte, dass Sprache und Zeichen etwas Lebendiges sind, das im Gebrauch und mit der Zeit stetig Veränderungen durchläuft und sich neuen Bedingungen anpasst.

Aus dieser doppelten Perspektive auf die Sprache – als allgemeines Regelwerk und zugleich als aktueller, konkreter Gebrauch – ergab sich schließlich der völlig neue sprachwissenschaftliche Ansatz Saussures. Während in der Sprachwissenschaft des 19. Jahrhunderts verstärkt nach der Genealogie, also der historischen Entwicklung der Worte und der Verwandtschaft der Sprachen geforscht wurde, untersuchte Saussure die gegenwärtig gebrauchten Zeichen und fragte sich, welche Struktur ihrer Verwendung zugrunde lag. Er bemerkte, dass die Regeln, nach denen sie gebraucht wurden, bestimmte Operationen zuließen und andere nicht. So lässt sich beispielsweise aus dem Wort »Tausch« durch einen Wechsel des ersten Buchstabens das Wort »Rausch« bilden. Aber nicht jeder beliebige Buchstabe kann an diese Stelle gesetzt werden, sodass eine neue Bedeutung entsteht. Diese Feststellung scheint banal zu sein, doch ging es Saussure hier um etwas sehr Grundlegendes: und zwar um die Frage, wie genau die sprachlichen Zeichen ihre Bedeutung erhalten. Um diese Frage zu beantworten, begann er schließlich, die Sprache bis in ihre kleinsten Bestandteile, die einzelnen Laute, zu analysieren und auf allen Ebenen der Sprache jene Elemente und Gesetzmäßigkeiten zu identifizieren, die eine Bedeutung tragen oder zu einem

Ferdinand de Saussure

INFO

Ferdinand de Saussure (1857–1913) wurde in eine der bekanntesten Genfer Gelehrten- und Intellektuellenfamilien hineingeboren. Bereits früh interessierte er sich für Sprachen: Mit zwölf Jahren beherrschte er Latein, Französisch, Englisch und Deutsch und nur sechs Jahre später sandte er eine eigene sprachwissenschaftliche Studie an die Société linguistique in Paris, die ihn sofort als Mitglied akzeptierte. In Leipzig studierte er ab 1875 vergleichende Sprachwissenschaften, Slawisch, Litauisch, Keltisch und Altpersisch. Vier Jahre darauf, gerade einmal 22-jährig, veröffentlichte er mit der Studie *Mémoire sur le système primitif des voyelles dans les langues indo-européennes* sein erstes großes Werk, dessen bahnbrechende Erkenntnisse das gesamte Fach der Indogermanistik erschütterten und bis heute ihre Gültigkeit erwiesen haben. Diese Studie und weitere wissenschaftliche Artikel machten ihn schon zu Lebzeiten zu einer Berühmtheit. Nach seinem Studium unterrichtete er in Paris an der Universität École Pratique des Hautes Études, wo er die Grundzüge einer neuen Sprachwissenschaft entwarf, die die germanistische Linguistik nachhaltig prägen sollte. Nach zehn Jahren kehrte er zurück nach Genf und setzte dort seine Studien fort. Bis zu seinem Tod 1913 hielt er an der Genfer Universität dreimal die Vorlesung »Grundfragen der allgemeinen Sprachwissenschaft«, die 1916 unter dem Titel *Cours de linguistique générale* erschien und Saussure letztlich zum Begründer der modernen Linguistik und der Semiotik machte.

Bedeutungsunterschied führen. Diese Betrachtungsweise von sprachlichen Zeichen ermöglicht es auch, verschiedene Sprachen miteinander zu vergleichen. So kann man zum Beispiel feststellen, dass die Laute »l« und »r« im Japanischen anders als im Deutschen keinen Bedeutungsunterschied in Worten ergeben und gleichermaßen verwendet werden können.

Geschriebene und gesprochene Sprache

Aus dem strukturalistischen Ansatz von Saussure, demzufolge sich die Bedeutung einzelner Zeichen aus ihrer Beziehung zu allen anderen Zeichen der Sprache und damit aus der Struktur des gesamten Zeichensystems ergibt, entstanden zwei Fachbereiche der Linguistik: die Phonetik und die Phonologie. Die Phonetik beschreibt, wie die akustischen Laute der menschlichen Sprache tatsächlich zustande kommen und wahrgenommen werden. Die Phonologie untersucht dagegen die Funktion der Laute innerhalb des Sprachsystems und sucht nach denjenigen Bestandteilen, die zu Bedeutungsunterschieden beitragen. Im Deutschen spielt es etwa keine Rolle, ob man das »r« als ein gerolltes Zungenspitzen-r ausspricht, wie es unter anderem im Bairischen üblich ist, oder ob man das sogenannte Rachen-r verwendet. Obwohl die Laute verschieden sind, verändert sich die Wortbedeutung nicht, wenn man den einen oder den anderen Laut benutzt.

Morph und Morphem

Ein Morph ist die kleinste Einheit der gesprochenen oder geschriebenen Sprache, die eine Bedeutung oder eine grammatische Funktion hat. Das Wort »Spiele« kann etwa in zwei Morphe zerlegt werden: in »Spiel« und »e«. Während »Spiel« der bedeutungstragende Teil ist, signalisiert »e« den Plural. Auf der allgemeineren Ebene des Sprachsystems werden Morphe auch als Morpheme bezeichnet.

Vom Laut zur Sprache

Phon und Phonem

Die kleinste Einheit der gesprochenen Sprache ist das Phon. Das Phon ist ein einfacher Laut wie »a«, »b«, »l« oder »r«. Dieser Laut wird zu einem Phonem, wenn er einen Bedeutungsunterschied hervorrufen kann, wie beispielsweise das »l« und »r«, wenn wir »leise« oder »Reise« sagen.

Graph und Graphem

Was die Phone und Phoneme für die gesprochene Sprache sind, sind Graphe und Grapheme für die geschriebene Sprache. Ein Graph ist die kleinste Einheit der Schrift, also einzelne oder mehrere Buchstaben. Die Wörter »Sprache« und »Schule« fangen zum Beispiel mit demselben Laut, nämlich »sch« an, dieser aber wird das eine Mal durch das Graph »s« dargestellt und das andere Mal durch das Graph »sch«. Als Graphem wiederum werden bedeutungsunterscheidende schriftliche Einheiten bezeichnet.

Der Satz

Der Satz ist ein in sich geschlossenes sprachliches Gebilde, das aus Wörtern besteht. Die Anordnung der Wörter folgt nach einer bestimmten Regel, die Syntax genannt wird. Im Deutschen gilt beispielsweise die Grundregel Subjekt-Prädikat-Objekt wie in dem Satz: »Ich trinke Wasser.« Die Grammatik wiederum reguliert die genauen Formen und Funktionen aller Bestandteile eines Satzes.

Das Wort

Das Wort ist die kleinste selbstständige bedeutungtragende Einheit einer Sprache. Im Gegensatz zu einzelnen Lauten haben Wörter eine Bedeutung. Eine alternative Bezeichnung für »Wort« ist »Zeichen«. Mit der Bedeutung von Wörtern beschäftigt sich die Semantik, die Bedeutungslehre.

Die Sprache

Als eine Sprache bezeichnet man die Gesamtheit aller einzelnen Bestandteile eines Zeichensystems. Die Sprache ermöglicht einer Gemeinschaft die Verständigung durch den wechselseitigen Austausch von Zeichen. Neben natürlichen Sprachen wie die verschiedenen Einzelsprachen der Menschen oder die Tiersprachen gibt es auch künstliche Sprachen, wie Programmiersprachen, oder fiktionale Sprachen.

Die menschliche Stimme ist das älteste Medium der Menschheitsgeschichte. Umso erstaunlicher ist es, dass die Wissenschaften, die sich mit der Sprache und den sprachlichen Zeichen beschäftigen, gerade dieses Medium so lange ausgeblendet haben. Wie hoch der Eigenwert der Stimme ist, zeigt der folgende Witz, der zur Zeit des Ersten Weltkriegs spielt: An der italienischen Front ist eine Kompanie in Stellung gegangen. Als der Kommandant im geeigneten Moment »Zum Angriff!« ruft, ist der Gefechtslärm allerdings so laut, dass ihn die Soldaten nicht hören. Darum ruft er mit lauterer Stimme erneut zum Angriff, doch abermals geschieht nichts. Erst als er seinen Ruf mit noch lauterer, inbrünstiger Stimme ein drittes Mal wiederholt, hört man einen Soldaten im Graben voller Genuss sagen: »Che bella voce!« – »Was für eine schöne Stimme!«

Die Unterscheidung zwischen Schrift und Stimme ist dabei weniger trivial, als es auf den ersten Blick erscheinen mag. Denn ob man nun den Satz »Was für eine schöne Stimme!« in schriftlicher Form übermittelt oder ob man ihn ausspricht, kann einen erheblichen Unterschied bedeuten. Die menschliche Stimme ist zu sehr vielfältigen Zwischentönen fähig. Die Sprachmelodie kann den Zeichen einen völlig anderen

Sinn geben und zum Beispiel aus einem ernst gemeinten Kompliment einen Satz voller Ironie machen. Wie wichtig die Intonation für eine Sprache sein kann, zeigt ein Blick auf das chinesische Mandarin: Die Lautfolge »m-a« kann hier bis zu vier verschiedene Bedeutungen haben. Je nachdem wie das »a« betont beziehungsweise wie lange es ausgehalten wird, steht das Wort »ma« für »Pferd«, »Mutter«, »Hanf« oder »schimpfen«. Für ungeübte Ohren sind die Unterschiede am Anfang nur sehr schwer auszumachen.

Im Gegensatz zum natürlichen Phänomen der Stimme ist das Alphabet eine technische Erfindung des Menschen, die jedoch beträchtliche Auswirkungen auf die Menschheitsgeschichte hatte. Es gibt Funde, die belegen, dass es Schriftsysteme gab, die deutlich älter als die heutigen Alphabete waren, wie etwa die sumerische Keilschrift (rund 3300 v. Chr.) oder die ägyptischen Hieroglyphen (rund 3200 v. Chr.). Diese Schriften funktionierten allerdings grundlegend anders als die von uns verwendeten. Es waren grafische Schriften, bei denen jedem einzelnen Schriftzeichen eine eigene Bedeutung entsprach, die es in der Regel durch eine gewisse bildliche, ikonische Ähnlichkeit zum bezeichneten Gegenstand oder Sachverhalt anzeigte. Im Gegensatz dazu ist das Alphabet ein logisches System, das es ermöglicht, durch die Kombination einer begrenzten Menge grafischer Zeichen unbegrenzt viele Wörter zu bilden und Bedeutungen wiederzugeben. Den einzelnen Zeichen dieses Systems, den Buchstaben, sind dabei keine Bedeutungen zugeordnet, sondern Laute. Die Bedeutung von Zeichen ergibt sich bei lautschriftlichen Alphabeten wie unserem daher über einen Umweg: Die Buchstaben des Alphabets bilden das Klangbild eines Wortes ab, und diesem ist wiederum eine

Bedeutung zugeordnet. Durch die Einführung des Alphabets, das auf Buchstaben und nicht mehr auf bildliche Schriftzeichen setzte, musste so nicht mehr jeder bezeichnete Gegenstand, Sachverhalt und Ähnliches bildlich dargestellt werden, sondern es konnte stattdessen einfach der gesprochene Ausdruck schriftlich fixiert werden.

Die Erfindung des Alphabets steht nicht zufällig zwischen der Vorstellungswelt des Mythos und der Welt des Logos, also der antiken Philosophie und Wissenschaft. Mit dem Alphabet gab es eine weitreichende Verschiebung von einer hauptsächlich mündlichen Tradition hin zu einer Weitergabe von verschriftlichter Rede. Mythen wurden über Jahrtausende mündlich weitergegeben, sie erfüllten rituelle Zwecke und wurden dem Anlass entsprechend angepasst und verändert. Mythen aus heutiger Perspektive zu lesen und zu verstehen gelingt darum nicht immer auf Anhieb, denn in ihnen herrscht nicht dieselbe Logik wie in modernen Erzählungen oder wissenschaftlichen und philosophischen Texten. Figuren tauchen darin an einer Stelle auf, sterben und tauchen wenig später wieder auf, als wäre nichts geschehen. Zudem haben Mythen keinen Autor, der die verschiedenen Ereignisse zu einer Geschichte fügt.

Hieroglyphen im Totentempel der Hatschepsut in Deir el-Bahari

Der Ursprung der Alphabete

Betrachtet man die Entstehung des Alphabets, findet man Erstaunliches. Die zentrale Vorstufe unseres ABC ist das griechische Alphabet – es ist das erste echte Alphabet. Doch auch das griechische Alphabet hatte Vorläufer. Es geht wie die meisten anderen Alphabete auf das Phönizische zurück. Auf ihm beruht sowohl das aramäische, das arabische, das hebräische, das griechische wie das indische Schriftsystem. Der bislang älteste bekannte Ursprung der Alphabete, der noch vor das Phönizische zurückreicht, ist aber das protosemitische Alphabet, das in der Zeit um 1700 v. Chr. auf der Sinaihalbinsel entstand. Es umfasste 22 Buchstaben, die von ägyptischen Hieroglyphen abgeleitet wurden.

Im Gegensatz zu der Annahme von Ferdinand de Saussure zeigt sich am Ursprung der Alphabete, dass keineswegs alle sprachlichen Zeichen »arbiträr« sind: Das Schriftzeichen »A« wurde nicht einfach nur erdacht und willkürlich dem Vokal zugeordnet, den wir heute damit verbinden. Das »A«, im griechischen Alphabet »Alpha« genannt, geht vielmehr auf das phönizische »Aleph« zurück, und dies bedeutete »Stier« – ein heiliges Tier, in das sich die Götter gerne verwandelten. Der Stier steht für Fruchtbarkeit, für das Göttliche und Schöpferische und markiert daher nicht zufällig den Anfang des Alphabets. Mehr noch: Der Stier stand zugleich Pate für das Aussehen des Buchstabens »A«. Dreht man es herum, dann kann man immer noch den Stierkopf mit den zwei Hörnern erkennen. Auch unsere Buchstaben waren also ursprünglich einmal Piktogramme.

Dass unsere heutige Sprache auf einem logischen Alphabet basiert, ist ein wesentlicher Grund dafür, dass uns die Mythen aus vergangenen Zeiten und anderen Kulturen »unlogisch« erscheinen: Wenn Kinder das ABC auswendig lernen, eignen sie sich zugleich eine bestimmte Logik des Zählens und *Er*zählens mit an. Und diese Logik lautet gemäß dem Sprichwort: Wer A sagt, muss auch B sagen. Das heißt, damit die in Lautschrift geschriebene Sprache einen Sinn ergibt, muss sie sukzessive und linear vom Anfang bis zum Ende gelesen werden. Dadurch erhält ein Text

eine ein-
deutige Struk-
tur, die es dem
Leser ermöglicht, die
darin enthaltenen Informationen immer wieder auf dieselbe
Weise nachzuvollziehen. Die Interpretation von Bildern oder ikonischen Zeichen kann sich im Vergleich dazu viel stärker ändern und auch die grammatikalische
Beziehung zwischen ihnen lässt weitaus größere Deutungsspielräume.

Viele Erfindungen und Erkenntnisse, die unsere heutige Welt zu dem machen, was sie ist, lassen sich
ohne die Erfindung des Alphabets nicht denken. Im Bereich der
Mathematik wurde es durch das Alphabet möglich, mit Buchstaben zu rechnen –
so wurde die Algebra erfunden. Die Buchdrucktechnik basiert ebenfalls zu einem großen Teil auf der Segmentierung der Sprache in eine überschaubare Zahl
einzelner Buchstaben. Dank seiner einfachen Logik ist das Alphabet so effizient,
dass es sogar mit einer Maschine verglichen wurde. In der Schreibmaschine oder
im Computer findet diese Vorstellung eine geradezu ideale beziehungsweise reale Verkörperung. Eine solche Erfindung wäre in der ägyptischen Hochkultur, die
auf Hieroglyphen basierte, schlichtweg undenkbar gewesen, denn es hätte eine
Maschine mit unendlich vielen Tasten sein müssen. In der Tat kann das Alphabet
als eine Art Zeichenmaschine betrachtet werden, die die Schallwellen der durch
die Stimmbänder, den Mund, den Luftstrom, die Zunge und die Zähne geform-
ten Laute in ein begrenztes Set von Buchstaben umwandelt, welche zu sinnvollen
Wörtern geordnet, niedergeschrieben und aus der Schrift wiederum in Laute zu-
rückverwandelt werden können.

Unser Schriftzeichen »A«
geht auf das phönizische
Zeichen für »Stier« zurück
(Stierkopf aus Byblos, Liba-
non, 3200–2000 v. Chr.).

Das Prinzip des Alphabets ist damit um ein Vielfaches einfacher und effektiver als die Bildsprache der Hieroglyphen, bei der jedes Bild und jede Kombination von Bildern, die für bestimmte Bedeutungen stehen, aufwendig produziert und in Erinnerung gehalten werden müssen. Das Chinesische, das ebenfalls auf einer Bildsprache basiert, verfügt beispielsweise über etwa 87 000 verschiedene Schriftzeichen. Diese repräsentieren zwar bestimmte Laute – genauer gesagt Silben –, können aber nur im weitesten Sinne »Buchstaben« genannt werden, da sie als ursprünglich bildliche Zeichen immer zugleich eine inhaltliche Bedeutung haben. Da das Chinesische allerdings weitaus weniger Silben als Schriftzeichen besitzt, können durchaus unterschiedliche chinesische Schriftzeichen derselben Lautfolge entsprechen und dieselbe Lautfolge mithin ganz verschiedene Bedeutungen tragen. Wie zuvor am Beispiel des Wortes »ma« gesehen, spielt daher die Betonung eine entscheidende Rolle, weshalb das Chinesische auch eine Tonsprache genannt wird.

Lettern in einem Setzkasten: Mit der Einführung gleichförmiger und beweglicher Metalllettern revolutionierte Johannes Gutenberg im 15. Jahrhundert den Buchdruck.

Dass die Kommunikation nicht allein auf zwischenmenschliche Interaktionen reduziert werden kann, wird relativ schnell offensichtlich, wenn wir uns die Beziehung zwischen dem Menschen und seinen Haustieren ansehen. So kann zum Beispiel ein Hundebesitzer seinem Hund über codierte Zeichen mitteilen, was er zu tun hat, und der Hund »versteht« gewissermaßen die Sprache des Menschen. Befehle wie »Sitz!« werden vom Hund gehört und befolgt – einige Hundebesitzer behaupten sogar, dass ihr vierbeiniger Freund sie besser verstehen könne als jeder Mensch. Hauskatzen wiederum treten gezielt in Kontakt mit dem Menschen, indem sie miauen. Untereinander kommunizieren Katzen durch Duftstoffe, Fauchen oder Körpersprache wie das Anlegen der Ohren oder das Zucken und Aufstellen des Schwanzes. Das Miauen tritt nur bei Katzenbabys auf, die nach ihrer Mutter schreien. Wenn ausgewachsene Hauskatzen miauen, dann dient dies ausschließlich der Kommunikation mit dem Menschen, von dem sie umsorgt und gefüttert werden wollen. Es bedeutet letztlich, dass sie sich zurück in diese Babyrolle begeben und den Menschen in der Mutterrolle sehen.

In der Hundeschule können Mensch und Tier lernen, besser miteinander zu kommunizieren.

Wie Bienen Blüten finden

INFO

Honigbienen verfügen über hoch spezialisierte Sinnesorgane, die ihnen beim Finden von Blüten und bei der Kommunikation helfen. Ihr Geruchssinn ist enorm ausgeprägt und ihre Augen sind auf ein ganz bestimmtes Farbspektrum spezialisiert, vor allem Gelb, Blau und Ultraviolett. Darüber hinaus besitzen sie ein erstaunliches Gedächtnis, das es ihnen ermöglicht, die Form von Blumen wiederzuerkennen und sich an ihren Standort zu erinnern. Neben der direkten Wahrnehmung erfahren Honigbienen aber hauptsächlich von anderen Arbeiterinnen des Bienenstocks, wo es etwas zu holen gibt. Hierfür nutzen die Tiere eine ausgeklügelte Kommunikationstechnik: Sie teilen einander durch verschiedene tanzähnliche Bewegungen mit, wo eine Nahrungsquelle, Wasser, ein passender Ort für ein Nest oder Harz zu finden ist. Die Informationen, die in den Vibrationen und Tanzfiguren codiert sind, weisen eine erstaunliche Vielfalt auf: Bienen sind dazu imstande, über die Menge, die Art und die Lage der Blüten Auskunft zu geben. Je schneller eine Biene etwa den sogenannten Schwänzeltanz vollführt, desto näher liegt die Nahrungsquelle. Der Winkel, den sie dabei im Verhältnis zum hängenden Bienenstock einnimmt, entspricht jenem zwischen der Flugrichtung und dem Sonnenstand. Aus beiden Informationen ergibt sich die genaue Position des Sammelguts. Für die Entschlüsselung des »Bienentanzes« wurde der Zoologe Karl von Frisch 1973 mit dem Nobelpreis geehrt.

Wenn es jedoch die Möglichkeit der Mensch-Tier- und der Tier-Mensch-Kommunikation gibt, stellt sich die berechtigte Frage, ob sich die Art und Weise, wie Tiere miteinander kommunizieren, tatsächlich so sehr von der menschlichen Kommunikation unterscheidet. Könnte es nicht sein, dass das Bellen der Hunde und der Gesang der Vögel der menschlichen Sprache vergleichbar sind? Je intensiver der Zeichengebrauch in der Tierwelt erforscht wurde, desto deutlicher wurde, dass lediglich graduelle Unterschiede, wenngleich sehr große, zwischen menschlichem und tierischem Zeichengebrauch bestehen. Die Gesänge von Vögeln umfassen beispielsweise ähnlich viele einzelne Lauteinheiten wie menschliche Sprachen und weisen eine bemerkenswerte Komplexität auf. Sie enthalten Silben, Phrasen, Verse und ganze Strophen. Insbesondere die Bienensprache ist inzwischen sehr gut untersucht. Wie man feststellte, tauschen diese Tiere nicht nur ikonische Elemente aus, die das Bezeichnete einfach abbilden, sondern sind dazu in der Lage, codierte, arbiträre Zeichen zu benutzen – dabei konnten sogar verschiedene »Dialekte« beschrieben werden.

Mit der zunehmenden Erforschung der Tierkommunikation zeigte sich, dass die menschlichen Fähigkeiten nicht ohne jeden Zweifel über die Fähigkeiten von Tieren erhaben sind. Bestimmte Sinneswahrnehmungen etwa sind dem Menschen aufgrund von fehlenden Rezeptoren schlicht unmöglich. Dagegen konnten viele der Merkmale, die lange ausschließlich dem Menschen zugeschrieben wurden, ebenso bei Tieren, vor allem bei Menschenaffen, beobachtet werden: das Erkennen des eigenen Spiegelbilds, der Gebrauch von Werkzeugen, komplexe Problemlösungsstrategien, der Gebrauch von Symbolen, der Spieltrieb oder ein hochkomplexes Sozialverhalten, das die Verwendung von Gestik, Mimik und Körpersprache einschließt. Lediglich in drei Bereichen scheint sich die menschliche Sprache grundlegend von der Sprache der Tiere zu unterscheiden: in ihrer Produktivität, in ihrer Reflexivität und in ihrer Unterteilung in bedeutungstragende und bedeutungsunterscheidende Einheiten. Keine der bekannten Tiersprachen ist dazu imstande, theoretisch beliebig viele Botschaften und Inhalte zu produzieren. Auch konnte die kreative Fähigkeit, bei Bedarf neue symbolische Zeichen zu produzieren, bislang

Mit ihrem Ges… ähnlich wie Vogelgesang wiederkehrende Strophen oder Themen aufweist, können sich Buckelwale über große Entfernungen hinweg verständigen. Ihre Lieder verändern sich oft mit der Zeit und unterscheiden sich von Region zu Region.

nicht beobachtet werden. Die Reflexivität, also die Möglichkeit, mittels der Sprache *über* die eigene Sprache nachzudenken, scheint ebenfalls allein für die menschliche Sprache zu gelten. Und schließlich konnte die bereits erläuterte Unterscheidung in bedeutungtragende Einheiten wie Wörter oder Sätze und lediglich bedeutungsunterscheidende Elemente wie Phoneme und Grapheme selbst bei so ausgefeilten Sprachen wie dem Gesang der Vögel nicht entdeckt werden.

Die Zeichenbeziehung zwischen Lebewesen und Umwelt

Der Begriff der Umwelt wurde in erster Linie durch den Biologen Jakob Johann von Uexküll, dem Begründer der Biosemiotik, in die Bereiche der Biologie und Anthropologie sowie in die Alltagssprache eingeführt. In der ursprünglichen Bedeutung »umgebendes Land« oder »Milieu« lässt sich das Wort »Umwelt« vereinzelt schon ab der Zeit um 1800 nachweisen. Doch seitdem Uexküll die Umwelt in seinem 1909

INFO

Jakob Johann von Uexküll

Jakob von Uexküll (1864–1944) gilt als der Begründer der Biosemiotik und als ein Pionier der theoretischen Biologie sowie der Kybernetik. Auf Gut Keblas im heutigen Estland geboren, begann er nach seinem Schulabschluss 1884, in Tartu Zoologie zu studieren. Die Schriften von Charles Darwin, der mit seiner Theorie der Evolution und der Entstehung der Arten die Wissenschaft revolutionierte, beeindruckten ihn sehr. Die Kontroversen, die dadurch ausgelöst wurden und zu einem Streit über die Vorherrschaft von Theorien führten, bestärkten ihn darin, sich auf die Gegenstände der Natur zu konzentrieren. Unter anderem am Physiologischen Institut in Heidelberg forschte er detailliert zu den physiologischen Vorgängen im Inneren der Tiere und zu ihrem Verhalten. In seinem 1909 veröffentlichten Buch *Umwelt und Innenwelt der Tiere* vertritt er die These, dass alle Lebewesen einen subjektiven Eindruck von ihrer Lebenswelt und der Zeit haben, und prägte dafür den Begriff der Umwelt in der Biologie. 1918 wurde Uexküll deutscher Staatsbürger und ab 1924 forschte er an der Universität Hamburg, wo er das »Institut für Umweltforschung« aufbaute, das er bis 1940 leitete.

erschienenen Buch *Umwelt und Innenwelt der Tiere* als die jeweils subjektive »Umgebung eines Lebewesens« definierte, wird der Begriff allgemein in dieser Bedeutung gebraucht.

Uexküll beschäftigte sich in vielen seiner Werke mit biologischen Vorgängen, die er als Zeichenprozesse deutete. Seine entscheidende Einsicht war, dass die Umwelt von allen Lebewesen anders wahrgenommen und verändert wird. Die Umwelt stellte sich ihm damit nicht mehr einfach nur als eine objektive, für alle Lebewesen identische Lebenswelt dar, sondern als etwas, zu dem jedes Lebewesen seine ganz eigene Vorstellung und seinen eigenen Bezug hat. Die Innenwelt und die Umwelt eines Tieres sind daher laut Uexküll nicht isoliert zu betrachten, vielmehr müssen sie zu gleichen Teilen beachtet und aufeinander bezogen werden.

So muss etwa das Spinnennetz als ein Teil der Spinne betrachtet werden, da die Spinne ihre Umwelt auch über ihr Netz und dessen Bewegungen wahrnimmt. Das Spinnennetz selbst wiederum steht in einer zeichenhaften Beziehung zu ihren Beutetieren. Daran, wie engmaschig es ist, lässt sich die Größenordnung der Beutetiere ablesen, auf die es die Spinne abgesehen hat. Ein anderes, immer wieder zitiertes Beispiel ist die Wahrnehmungswelt der Zecke. Die Umwelt der Zecke besteht im Wesentlichen aus den Koordinaten oben, unten, warm und kalt. Sobald sich ein Warmblüter der Zecke nähert, wird sie aktiv und versucht, an Nahrung zu kommen. Ihre Wahrnehmung der Zeit muss sich vollkommen von jener anderer Tiere unterscheiden, da sie zum Teil Wochen und Monate inaktiv und wartend verbringt. Säugetiere mit einem regen Stoffwechselsystem wie Löwen oder Giraffen müssen ihre Umwelt anders

Jakob von Uexküll am Mikroskop, um 1912–14

wahrnehmen und anders mit ihr interagieren, weil sie regelmäßig Energienachschub benötigen. Ihr Überlebenstrieb bringt sie dazu, täglich aktiv auf die Futtersuche zu gehen.

Um die Beziehung zwischen Innenwelt und Außenwelt eines Lebewesens zu beschreiben, entwickelte Uexküll das Modell des »Funktionskreises«. Demnach sind die Wahrnehmungen eines Lebewesens von seiner Außenwelt, seine »Merkwelt«, in einem Kreislauf mit seinen Reaktionen darauf, seiner »Wirkwelt«, verbunden. Die Wahrnehmung eines Lebewesens ist dabei von seinen Rezeptoren abhängig, die bestimmen, welche Merkmale seiner Umgebung es erfassen kann. Für ein Lebewesen können mithin nur diejenigen Dinge der Welt bedeutsam werden, für die es Sinnesorgane besitzt. So weist die Merkwelt einer Fledermaus etwa ausschließlich Eigenschaften auf, die mittels Ultraschallrezeptoren wahrgenommen werden können. Die Wahrnehmung bestimmter Merkmale löst wiederum ein spezifisches Verhalten des Lebewesens aus, durch die es auf seine Umwelt einwirkt und sie verändert – zum Beispiel das Fressen der entdeckten Nahrung –, womit ein neuer Kreislauf des Wahrnehmens und Wirkens eingeleitet wird.

Seit Uexkülls Pionierarbeiten beschäftigt sich die Bio-, Öko- und Zoosemiotik mit einer großen Vielzahl von semiotischen Vorgängen zwischen mehr oder weniger komplexen Lebensformen und ihrer Umwelt, vom Einzeller über Bakterien und Pilzen bis hin zu hoch entwickelten Tiergattungen. Auch das Aussehen und die Funktionsweise von Pflanzen werden zeichentheoretisch untersucht. Farben, Aussehen und Lockstoffe wie Gerüche, elektrische Signale oder andere Stimuli erscheinen als Zeichen, durch die Interaktionen zwischen Lebewesen und ihrer Umwelt stattfinden. Die Grenze zwischen dem, was ein Zeichen ist, und dem, was kein Zeichen ist, wird allerdings deutlich niedriger angesetzt als in traditionellen Zeichentheorien, die primär vom Menschen als Zeicheninterpreten ausgehen. Das entscheidende Kriterium für eine zeichenhafte Beziehung ist hier im Prinzip der Zweckkausalität zu sehen. Das heißt, dass Eigenschaften oder Äußerungen eines Lebewesens als Zeichen verstanden werden, sofern sie zum Zweck der Sicherung oder Förderung des eigenen Lebens eine bestimmte Wirkung in der Umwelt verursachen – sei es, Paarungspartner anzulocken, Konkurrenten zu vertreiben oder Fressfeinden zu entgehen.

Dabei hat man zum Beispiel festgestellt, dass es im Reich der Natur allgemein verständliche Signalfarben zu geben scheint. So signalisieren die Farbkombinationen Rot und Weiß sowie Gelb und Schwarz in der Regel »Gefahr«. Die Farbkombination Gelb-Schwarz taucht in der Natur häufiger auf als Rot-Weiß, da Gelb von Tieren besser wahrgenommen werden kann als Rot. In allen Fällen aber gilt: Treten die Farben allein auf, wie bei einer gelben Blüte, ist es unbedenklich. Erst die Kombination mit Schwarz oder Weiß deutet auf eine Gefahr hin. Bienen und Wespen warnen andere Lebewesen mit ihren gelb-schwarz gestreiften Körpern davor, dass sie stechen. Auch der Feuersalamander sowie einige Spinnen, Raupen und Schlangen zeigen mit diesen Farben an, dass sie sich nicht als Beutetier eignen, weil sie giftig sind. Die Farbkombination Rot-Weiß taucht beispielsweise bei dem gleichfalls giftigen Fliegenpilz auf. In manchen Fällen, wie bei der Rotbauchunke und dem Erdbeerfröschchen, kann ebenso die Farbkombination Rot-Schwarz auf die Ungenießbarkeit hinweisen.

Andere Tiere wiederum verwenden nur den Effekt dieser Warnfarben. Die Körper der Schwebfliegen sind zwar gelb-schwarz gestreift, sie sind aber weder giftig noch können sie stechen. Sie sichern sich ihr Überleben lediglich dadurch, dass sie das Zeichen für »Gefahr« imitieren. Diese Nachahmung des Aussehens von anderen Tieren, Pflanzen oder der Umwelt wird als Mimikry bezeichnet. Imitiert werden können jedoch nicht allein Warnfarben. Ein Chamäleon kann sich etwa unsichtbar machen, indem es die Farbpigmente seiner Haut der Umgebung anpasst und auf diese Weise optisch mit ihr verschmilzt. Schmetterlinge setzen dagegen auf die Abschreckung

Das maximal 24 Millimeter große Erdbeerfröschchen weist mit leuchtenden Farbkombinationen wie Rot-Schwarz auf seine Ungenießbarkeit hin. Es ist in der Lage, aus der Nahrung gewonnene Giftstoffe über seine Haut abzusondern.

von Fressfeinden, indem sie auf ihren Flügeln Zeichnungen zeigen, die wie das Augenpaar eines sehr viel größeren Tieres aussehen. Einige Orchideen wiederum ahmen mit ihren Duftstoffen und Blütenformen Insektenweibchen nach, um männliche Insekten anzulocken, die sie bestäuben.

Die natürlichen Warnfarben finden sich sogar in der Alltagswelt des Menschen wieder, wo ihr Effekt genutzt wird, um unsere Aufmerksamkeit auf bestimmte Gefahren oder Verhaltensregeln zu lenken: So weisen Zeichen wie jene, die vor atomarer

Die Orchideenart der Bienenragwurz ahmt mit ihren Blüten den Duft und das Aussehen von Bienenweibchen nach, um von paarungsbereiten Männchen bestäubt zu werden.

INFO

Warum haben Zebras Streifen?

Die Bedeutung der außergewöhnlichen Zeichnung des
Zebrafells ist einer von vielen Fällen der Evolutionsbiologie,
die bis heute ungelöst sind. Seit über 140 Jahren sorgt die Frage,
warum Zebras Streifen haben, für lebhafte Diskussionen. Bereits die
beiden Begründer der Evolutionslehre Charles Darwin und Alfred Russel
Wallace stritten über die Bedeutung der Streifen, und bis heute tauchen
immer neue Theorien auf, die Erklärungen für das Muster des Fells zu liefern
versuchen: Wallace schlug die naheliegende Funktion der Tarnung als Antwort
vor. Doch hierfür scheint das Schwarz-Weiß-Muster, wie Darwin anmerkte, in der
braunen Savanne viel zu sehr aufzufallen. Auch das nach dem Zebra benannte Zeichen im Straßenverkehr soll schließlich genau das sein: auffällig – damit Fußgän-
ger sicher über die Straße gehen können. Das unübersehbare Muster könnte auf
andere Weise aber dennoch Schutz vor Fressfeinden bieten: Zebras sind bekannt-
lich Herdentiere. In der Herde wiederum könnte die Silhouette des einzelnen
Tiers durch das markante Streifenmuster für den Angreifer verschwimmen.
Wenn zudem viele Tiere mit gestreiftem Muster in Bewegung geraten,
verwirren ihn die vielen Streifen möglicherweise so sehr, dass er nicht
mehr weiß, welches Tier in welche Richtung läuft. Neueren Theorien zufolge könnten die Streifen jedoch ebenso gut dazu
dienen, lästige Bremsen und Stechmücken beim
Landeanflug zu verwirren.

Strahlung oder chemischen Reizstoffen warnen, die Farbkombination Gelb-Schwarz
auf. Viele andere Warn-, Gebots- und Verbotszeichen, wie die im Straßenverkehr,
oder Absperrbänder leuchten hingegen oft in Rot und Weiß.

Insbesondere seit sich in den 1970er-Jahren ein Bewusstsein für ökologische Krisen
entwickelte, rückte auch die spezielle Beziehung zwischen dem Lebewesen Mensch
und seiner Umwelt in den Fokus der Semiotik. Ein bereits genanntes schwerwiegen-
des Problem in diesem Bereich ist die Frage, wie mit dem Atommüll auf der Zeichen-
ebene umgegangen wird. Nur graduell weniger gravierend ist die zeichentheoretische
Frage, warum der Mensch überhaupt so etwas wie »Müll« produziert. Kein anderes
Lebewesen stellt Dinge her, die verwendet und anschließend weggeworfen werden.

Was bedeutet dieser Überschuss an Dingen und was bedeutet der Müll für die
Mensch-Umwelt-Beziehung? Die Semiotik zeigte im Zusammenhang mit dem
kritischen Verhalten des Menschen zu seiner Umwelt immer wieder ihren
durchaus politischen Anspruch. Indem sie diese Vorgänge auf der Zeichen-
ebene untersuchte, konnte sie etwa zeigen, dass der sprachliche Umgang
mit Problemen der Umweltverschmutzung diese sogar verschärft: Wenn
Müll und Abfall als »Wertstoffe« deklariert werden, wird eine sprachliche
Aufwertung vorgenommen, welche die Probleme verharmlost oder ganz leug-
net und dazu führt, dass sich der tatsächliche Umgang mit den Referenten der
Zeichen, also den weggeworfenen Dingen, nicht verändert.

Von der Natur zur Kultur

Goethe ließ seine Figur Faust im gleichnamigen Theaterstück fragen, was die Welt
im Innersten zusammenhält. Im Falle der Natur konnte die moderne Biologie beziehungsweise Biosemiotik die Antwort präsentieren, dass auch im Innersten aller
Lebewesen, in der DNA, Zeichenprozesse eine entscheidende Rolle spielen. Dank
der Informationen, die im Genom einer Zelle gespeichert sind, kann sie sich poten-
ziell immer wieder selbst hervorbringen. Dieser Bauplan wird in einer komplexen,
sprachähnlichen Weise gespeichert, wobei einzelne Informationen ähnlich einem
Wort aus mehreren Bausteinen zusammengesetzt sind: den Nukleotiden. Entsprechend der Base, die sie enthalten – Adenin, Guanin, Thymin oder Cytosin –, werden
diese oft verkürzt mit den Buchstaben A, G, T oder C bezeichnet. Indem sich jede
Base stets mit einer bestimmten anderen Base verbindet (Basenpaarung), werden
zudem alle Informationen in einem zweiten komplementären Strang gespiegelt, so
dass die DNA bei der Zellteilung einfach aufgetrennt und identisch repliziert werden kann. Eine Sequenz dreier Nukleotide beziehungsweise Nukleinbasen, ein soge-
nanntes Triplett, codiert dabei jeweils eine von insgesamt 20 Aminosäuren und kann
ebenso den Anfang oder das Ende eines Ausleseabschnitts anzeigen. Unter den Bausteinen des Lebens gibt es also Einheiten, die eine gewisse Ähnlichkeit zu Buchstaben, Worten und Satzzeichen aufweisen. Ob es sich beim genetischen Code tatsächlich um ein Zeichensystem handelt, war zunächst lange umstritten. Heute gilt dies
nicht nur als gesichert, vielmehr sind die Kenntnisse über die Informationsspeiche-
rung auf DNA-Molekülen inzwischen so weit fortgeschritten, dass digitalisierte Daten auf DNA gespeichert und wieder ausgelesen werden können.

Wenn selbst im Inneren von Zellen Zeichenprozesse stattfinden, dann scheint
der menschliche Zeichengebrauch kaum etwas Außergewöhnliches zu sein. Aus einer zoo- oder ökosemiotischen Perspektive sind alle Vorgänge von der Zellteilung
bis zur Kommunikation zwischen Tieren letztlich nichts anderes als ein Austausch
von Information und damit Zeichenprozesse, sodass sich die Frage stellt, ob der
Umgang des Menschen mit Zeichen nicht ebenfalls eine ganz natürliche Erscheinung ist. Damit ist allerdings eine weitere und überaus kontrovers diskutierte

Frage verbunden, und zwar die, ob der Mensch eher als ein Naturwesen zu verstehen ist oder als ein Kulturwesen. Welche Rolle spielen die Gene bei unserer Entwicklung? Welche Rolle spielt im Gegensatz dazu die Erziehung? Eine einfache
Antwort ist deshalb kaum möglich, weil vieles von dem, was ein Teil des natürlichen Erbes ist, im Laufe der Zeit kulturell überformt wurde. Dies können wir leicht
an den Beispielen des Körpergeruchs und der Nahrungsaufnahme sehen:

Jeder Mensch verfügt über einen natürlichen Körpergeruch, der unter anderem
durch Hormone und Bakterien, die auf der Haut leben, beeinflusst wird. Dabei verfügt jeder über einen ganz speziellen Duft, was sich einem besonderen Genkomplex
verdankt, dem sogenannten Haupthistokompatibilitätskomplex. Dieser ist an der
Abwehr von Krankheitserregern beteiligt und hinterlässt im Körpergeruch einen
Hinweis auf das je individuelle Immunsystem. In dieser Weise trägt der natürliche
Körpergeruch dazu bei, einen geeigneten Paarungspartner zu finden, dessen Immunsystem ausreichend unähnlich ist, um gesunden, widerstandsfähigen Nachwuchs
zu zeugen. In den meisten westlichen Gesellschaften gilt allerdings die Konvention,
dass der eigene Körpergeruch möglichst nicht sehr intensiv sein sollte. Das Duschen,
Waschen oder Baden gehört für uns darum oft zur alltäglichen Routine und entsprechend breit ist die verfügbare Palette an Duschgelen, Shampoos und Badezusätzen.
Den Geruch, der unter den Achseln entsteht, bekämpfen wir mit Deodorants, die die
Schweiß- oder Geruchsbildung hemmen oder den Eigengeruch mit Duftstoffen deutlich übertönen. Insbesondere Parfümen kommt dabei wiederum ein ausgeprägter

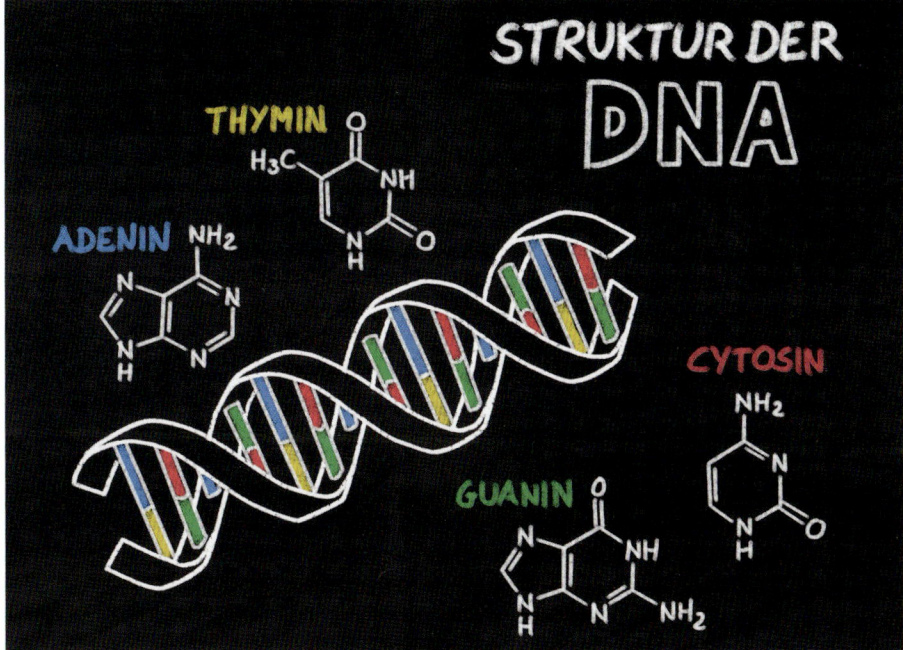

Die vier Nukleinbasen der
DNA: Ihre Zuordnung zu
bestimmten Aminosäuren
wird auch als genetischer
Code bezeichnet.

Zeichencharakter zu. Bereits seit mehreren Tausend Jahren setzen die Menschen spezielle Duftstoffe ein, sei es, um auf die Schönheit, den Wohlstand oder die individuelle Persönlichkeit des Parfümierten hinzudeuten. Wie man feststellte, zieht hierbei jeder Mensch jedoch stets diejenigen Duftnoten für sich vor, die dem »Geruch« des eigenen Immunsystems entsprechen – sodass Parfüme dem natürlichen Körpergeruch in gewisser Weise nicht entgegenwirken, sondern vielmehr dessen zentrale Botschaften noch stärker zur Geltung bringen.

Auch in der Küche und bei der Zubereitung von Nahrungsmitteln spielen Gerüche eine überaus wichtige Rolle. Der Geruch und damit verbunden der Geschmack entscheidet darüber, ob eine Sache für genießbar gehalten wird oder nicht. Insgesamt werden heute mindestens fünf verschiedene gustatorische (von lat. gustare, »kosten, schmecken«) Wahrnehmungsmöglichkeiten unterschieden: sauer, bitter, salzig, süß und umami (»fleischig, herzhaft«). Diese fünf Geschmacksempfindungen sind uns angeboren und dienen uns natürlicherweise zur Orientierung bei der Nahrungssuche: So weisen die Geschmacksqualitäten süß, umami und salzig auf lebenswichtige Kohlenhydrate, Proteine und Ionen hin, wohingegen die Qualitäten sauer und bitter mögliche Giftstoffe anzeigen, die zu vermeiden sind. Welche besonderen Geschmackspräferenzen ein Mensch ausprägt, hängt allerdings entscheidend von der jeweiligen Kultur ab, in der er sozialisiert und an bestimmte Geschmacksmuster gewöhnt wird. Ausschlaggebend für die Wahl eines speziellen Nahrungsmittels können aber ebenso andere kulturell bedingte Faktoren sein wie etwa der Prestigewert, der sich in der jeweiligen

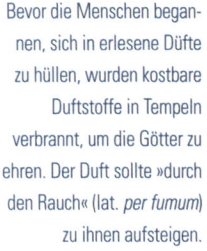

Bevor die Menschen begannen, sich in erlesene Düfte zu hüllen, wurden kostbare Duftstoffe in Tempeln verbrannt, um die Götter zu ehren. Der Duft sollte »durch den Rauch« (lat. *per fumum*) zu ihnen aufsteigen.

Kalligrafie – Zeichnen mit dem Körper

INFO

Die Handschrift eines Menschen wurde lange Zeit als ein besonders ausdrucksstarkes Zeichen gesehen, das Rückschlüsse auf den Charakter einer Person zulasse. Ein handschriftlich verfasster Lebenslauf, der ein genaueres Bild des Bewerbers zu vermitteln schien, war deswegen oft Pflicht. Dahinter verbarg sich die Vorstellung, dass bei jedem Schreibakt der Körper des Schreibenden eine individuelle Spur in der Handschrift hinterlässt.

Dieselbe Vorstellung ist auch grundlegend für die Kalligrafie (von gr. *kalós*, »schön«, und *gráphein*, »schreiben«). Die Kunst der Kalligrafie gibt es in vielen Kulturkreisen, ursprünglich geht sie auf die Tradition des Abschreibens heiliger Texte zurück. Besonders ausgeprägt ist sie in der islamischen und hebräischen Kultur, im asiatischen Raum, vor allem in China, Japan und Korea, sowie in christlich geprägten Ländern. In einigen Kulturen zählt die Kalligrafie zu den angesehensten Berufen.

Viele kalligrafische Techniken sind mit den Techniken der Meditation verwandt. Eine Voraussetzung für eine gelungene Kalligrafie wird in der Einheit von Körper, Geist und Seele gesehen. Die Körperhaltung des Kalligrafen hat direkte Auswirkungen auf die Punkte und Linien, die das Schriftzeichen bilden. Die Kurven der Schriftzeichen spiegeln den Fluss der Körperbewegungen des Kalligrafen beim Schreiben wieder. Damit werden Kalligrafien zum Ausdruck der Persönlichkeit und der Emotionen des Kalligrafen.

Nonverbale Kommunikation

Seit den 1970er-Jahren untersuchten Wissenschaftler weltweit, inwiefern unsere Mimik, mit der wir Gefühlen Ausdruck geben, codiert ist. Die Psychologen Paul Ekman und Wallace Friesen waren die Ersten, die ein Mess- und Analyseverfahren entwickelten, um die menschlichen Gesichtsbewegungen zu beschreiben und den damit verbundenen Gefühlsausdrücken zuzuordnen. Dadurch sollte es möglich werden, ein

echtes Lachen allein anhand des Gesichtsausdrucks von einem gespielten Lachen zu unterscheiden. So entstand ein Atlas der Ausdrucksgebärden, der 1978 unter dem Namen *Facial Action Coding System* (»Gesichtsbewegungskodierungssystem«), kurz: *FACS*, erstmals vorgestellt wurde. Die Forscher fanden heraus, dass es sieben Gefüh- le gibt, auch Basisemotionen genannt, die bei jedem Menschen mit nahezu denselben Gesichtsausdrücken verbunden sind und kulturübergreifend erkannt werden: Trau- rigkeit, Angst, Überraschung, Ekel, Wut, Verachtung und Freude. FACS ist heute die Grundlage für computeranimierte Charaktere in Computerspielen und Filmen wie beispielsweise in James Camerons Science-Fiction-Blockbuster *Avatar* (2009). Die Codierung von Gesichtsausdrücken erfolgt im FACS anhand von 44 verschiedenen *Action Units*, »Bewegungseinheiten«, in die alle wahrnehmbaren Bewegungen der Gesichtsmuskulatur eingeteilt wurden. Von diesen wird die Ausdrucksstär- ke unterschieden, die individuell ausfallen kann und in fünf Intensitätsstufen gemessen wird.

Weit weniger universal als Gesichtsausdrücke sind Gesten. Bereits bei einem Vergleich zwischen Deutschland, Italien und Frankreich lassen sich große Unter- schiede bemerken. Bestimmte Gesten sind über die Landesgrenzen hinweg kaum verständlich. Wenn etwa Daumen und Zeigefinger einen Kreis bilden, symbolisiert diese Geste in Frankreich und Belgien die Zahl Null und bedeutet, dass etwas keinen Wert hat oder nutzlos ist. In Deutschland bedeutet sie hingegen, wenngleich sie eher selten gebraucht wird, so viel wie »Okay!« oder »Alles bestens!«. Die Sprache der Hände kann so sehr schnell zu weitreichenden Missverständnissen führen, wenn man die eigene Kultur verlässt. Der gehobene Daumen bedeutet in Kontinentaleuropa etwa »Alles in Ordnung!« und wird darüber hinaus als eine Geste beim Trampen benutzt, die anzeigt, dass man eine Mitfahrgelegenheit sucht. Schon im Nahen und Mittleren Osten sowie in Russland allerdings ist dies ein obszönes Zeichen, das bei uns dem »Stinkefinger« gleichkäme. Gesten wie diese werden auch als »Embleme« bezeichnet. Im Unterschied zu sogenannten Illustratoren, die unser Sprechen lediglich begleiten, ersetzen sie eine sprachliche Äußerung oder können in eine solche übersetzt werden.

Die Überlegungen von Evolutionsbiologen legen die Vermutung nahe, dass die Sprache des Menschen ihren Ursprung in der nonverbalen Kommunikation mittels Gesten hat. Die Fähigkeit, zu sprechen, ist menschheitsgeschichtlich eine vergleichsweise junge Errungenschaft. Sie entwickelte sich erst vor 350 000 bis 50 000 Jahren. Es spricht viel dafür, dass Gebärden und Gesten die natürliche Vorstufe der Lautsprachen waren. Damit rückte der Körper ins Zentrum des Interesses. Auch heute sind die Gebärdensprachen vollwertige, eigenständige Sprachen, die der Lautsprache in ihrer Ausdrucksfähigkeit in nichts nachstehen. Während es den nächsten Verwandten des Menschen aus anatomischen Gründen nicht möglich ist, mehr als nur einige wenige Laute zu produzieren, sind sie durchaus imstande, Gebärden und Gesten zur Kommunikation zu nutzen. Schimpansen und die höheren Menschenaffen sind sogar dazu in der Lage, die Zeichen der menschlichen Gebärdensprachen zu erlernen und sich einen aktiven Wortschatz von über 300 Wörtern anzueignen.

Eine Sonderform der nonverbalen Kommunikation ist die taktile Kommunikation. In der Regel entzieht sie sich der bewussten Wahrnehmung oder aber sie fällt übermäßig und unangenehm auf. Konventionell ist beispielsweise das Händeschütteln zur Begrüßung oder das Schulterklopfen zur Ermunterung oder

Viele Gesten begleiten uns ganz selbstverständlich durch den Alltag. In anderen Kulturen können die gewohnten Handzeichen jedoch leicht zu Missverständnissen führen.

Gebärdensprache

Durch körperliche Gesten bringen
wir nicht nur Bedeutungen hervor, die unsere Rede begleiten oder ergänzen können. Die
Gebärdensprache dient gehörlosen Menschen auch als
vollwertiger Ersatz für die vokale Sprache. Wie die gesprochene oder geschriebene Sprache verfügt die Gebärdensprache über
viele einzelne Elemente, die Bedeutung produzieren. Die Verbindung
von Gestik, Mimik, lautlos gesprochenen Worten, Körperhaltung und
umgebendem Raum erzeugt Sätze und Diskurse. Hinzu tritt das Fingeral-
phabet, mit dem bei Bedarf die Schreibweise von Wörtern oder speziellen
Namen buchstabiert werden kann. Abgesehen vom Einhand-Fingeralphabet
unterscheidet sich die Gebärdensprache zwischen den Kulturen sehr stark.
In vielen Ländern gibt es spezifische Bezeichnungen für die dort gängige
Gebärdensprache. Sogar lokale Gebärdendialekte sind entstanden, beispielsweise in der Schweiz. Die Unterschiede können dabei so groß sein,
dass sich die Nutzer verschiedener Gebärdensprachen untereinander
nicht verständigen können. Bis heute fehlt zudem eine Gebärden-
schrift oder ein alternatives Verschriftlichungssystem für
Gebärdensprachen. Zwar gibt es erste Versuche wie
das Hamburger Notationssystem, doch dient
dies bislang lediglich wissenschaftlichen Zwecken.

als Zuspruch. Sehr schnell gelangt man bei der taktilen Kommunikation jedoch in sensible zwischenmenschliche Bereiche. Bereits das Streicheln, das Umarmen oder das Küssen findet häufig nur zwischen Personen statt, die eine intime Beziehung zueinander pflegen. Die Einschätzung darüber, was angemessen und was zu intim ist, fällt von Kultur zu Kultur allerdings sehr verschieden aus und kann sich mit der Zeit auch verändern. In diesem Zusammenhang lässt sich durchaus von einer Co-dierung der Berührungen sprechen. Der Sinn einer solchen Bezeichnung wird dann augenfällig, wenn der Code missachtet wird. Unangebrachte Berührungen lösen in entsprechenden Situationen starke Gefühle aus. Eine Umarmung zwischen einem Vorgesetzten und einem Mitarbeiter kann beispielsweise für großes Unbehagen sorgen, weil sie eine Nähe kommuniziert, die im Berufsleben als unangemessen gilt.

Im Laufe unserer Entwicklung verlieren wir das Bewusstsein für die kommunikative Funktion von Berührungen. Während für Neugeborene, Säuglinge, Kleinkinder und Kinder Berührungen einen zentralen kommunikativen Kanal zu ihren engsten Bezugspersonen darstellen, wird diese Funktion mit dem zunehmenden Spracherwerb durch die verbale Kommunikation erfüllt. In bestimmten Kulturkreisen werden Körperberührungen als kommunikatives Medium sogar so weit zurückgedrängt, dass sie insgesamt als »unsittlich« oder unangebracht gelten. Während in Italien eine Umarmung zur Begrüßung üblich und ein Kuss auf jede Wange akzeptiert ist, wäre dieses Verhalten in Japan anstößig. Hier besteht das Begrüßungsritual in einer gegenseitigen Verbeugung, ohne sich zu berühren. Selbst innerhalb einer Kultur kann es ausgeprägte Unterschiede geben, was die Berührung unter Fremden, Bekannten oder Familienmitgliedern betrifft. Je nach persönlicher Neigung und Erziehung kann für den einen ein Wangenkuss zur Begrüßung unter Freunden völlig normal sein, wohingegen ein anderer bereits eine Berührung an der Schulter als unangenehm empfindet.

Der sozialistische Bruderkuss war ein besonderes Begrüßungsritual unter Vertretern sozialistischer Staaten, das ihre innige Verbundenheit ausdrücken sollte. Die berühmte Darstellung des Künstlers Dmitry Wrubel (Bruderkuss zwischen Breschnew und Honecker) ziert seit 1991 die Berliner East Side Gallery.

Das Lausen dient bei Primaten nicht nur zur Fellpflege, sondern stärkt vor allem die soziale Bindung. Beim Menschen wurde das Lausen durch das Streicheln und Kraulen abgelöst.

Ein Spezialfall der taktilen Kommunikation tritt ein, wenn der Seh- oder der Gehörsinn ausfällt. Dann gewinnt der Berührungsinn als Kommunikationskanal (wieder) an Bedeutung. Zur Übermittlung von sprachlichen Informationen kann in diesen Fällen beispielsweise die Brailleschrift, auch Blindenschrift genannt, genutzt werden.

Ähnlich wie bei der Bewegung gilt bei der Berührung, dass nicht jeder Form des Taktilen eine eigene semiotische Dimension zukommt. Eine Vielzahl der Berührungen ist tatsächlich nichtkommunikativer Art. Auch ist es nicht immer möglich, eine klare Grenze zwischen Berührung und Geste zu ziehen. Dennoch erfüllen Berührungen in vielen zwischenmenschlichen Bereichen eine wichtige kommunikative Funktion: in der Pflege, der Sexualität, der Erziehung, im Sport und im Spiel.

Der bewegte Körper: Ritus, Tanz, Schauspiel und Performance

In bestimmten gesellschaftlichen Bereichen kommt den Bewegungen des Körpers eine herausragende Bedeutung zu, insbesondere als Gesten in Ritualen wie dem christlichen Brauch der Segnung durch Handauflegen. Solche Rituale gibt es aber nicht nur im religiösen Kontext, sie finden sich ebenso sehr im Alltag wieder. Hier wie dort erfüllen sie in vielerlei Hinsicht die Funktion, das soziale Gefüge zu stützen und zu bewahren. Es gibt Begrüßungs-, Abschieds- oder Essensrituale, die auf je ihre Weise die Zusammengehörigkeit der beteiligten Personen zum Ausdruck bringen und damit zugleich fördern.

Ein wesentliches Merkmal von Ritualen im Vergleich zu normalen Körperbewegungen ist ihre feste Form: Rituale laufen in tradierten, möglichst immer gleichen Mustern ab. Diese festen Formen machen ihren Zeichencharakter aus. Wie man sich beim Erlernen einer fremden Sprache an Vokabeln erinnern muss, so ist es für rituelle Handlungen notwendig, sich die genauen Bewegungsabläufe zu merken. Werden Rituale nicht richtig durchgeführt, steht ihre Wirksamkeit auf dem Spiel. Das betrifft nicht nur die Rituale von indigenen Stämmen wie Beschwörungsrituale oder Regentänze, sondern auch ganz alltägliche Rituale, die trotz ihrer Unscheinbarkeit doch den Zusammenhalt der Gesellschaft garantieren. Den Handschlag bei

Die Kunst der Pantomime versucht, Handlungen, Charaktere, Gefühle, Szenerien oder Gegenstände weitgehend durch Mimik und Gestik darzustellen. Zur Betonung von Gesicht und Händen werden oft weiße Schminkmasken und Handschuhe verwendet.

der Begrüßung oder einer Versöhnung zu verweigern, ist in unserer Kultur zum Beispiel ein starkes Zeichen, das nicht weniger bedeuten kann als die Aufkündigung der gesamten sozialen Beziehung.

Die Funktion von Ritualen ist enorm vielfältig. Die häufigsten Rituale sind Übergangsrituale, die Menschen dabei helfen, Krisensituationen zu meistern und Veränderungen zu verarbeiten. Viele Rituale kreisen daher um Themen wie Tod, Geburt, Heirat, Trennung oder Krankheit, wobei sich manche von ihnen erhalten, ohne dass wir uns ihrer ursprünglichen Bedeutungen bewusst sind. So erinnert etwa der immer noch gängige Brauch der »Brautentführung« bei Hochzeiten unter anderem an die in früheren Zeiten verbreitete Praxis, junge Frauen zur Heirat gewaltsam aus ihren Familien zu rauben.

Von außen betrachtet wirken viele Rituale wie ein Schauspiel. Priester nehmen im Verlauf einer rituellen Handlung wie einer Messe eine bestimmte »Rolle« ein, die sich deutlich von ihrem Verhalten im Privatleben unterscheidet. So ist es nicht verwunderlich, dass sich die Ursprünge des Theaters in einem religiös-rituellen Kontext finden. Die Urformen des Theaters bestanden oftmals aus einer Verbindung von Tanz, Musik und Schauspiel, wobei es in der Regel um die Verkörperung von bestimmten Gottheiten oder Naturwesen ging. Tanz und Musik übernahmen die Funktion, die an einem Ritual Beteiligten in eine Art Trancezustand zu versetzen. Zudem wurden Masken eingesetzt, die den anderen Zustand und die Verwandlung der Personen im Rahmen des Rituals anzeigen sollten. Bis heute sind Schminke und Verkleidungen ein wesentlicher Bestandteil der Zeichenpraxis des Theaters, um die Illusion eines anderen Zustands auf der Bühne zu erzeugen. Heute bauen drei Kunstgattungen wesentlich auf der Bewegung des Körpers, der Veränderung des Gesichts mit Kosmetik sowie Masken, Mimik oder Gesten auf: das Theater, der Tanz und die Performance-Kunst. Im Theater können Gesten und Mimik die Sprache nicht nur ergänzen, sondern zum Teil ganz ersetzen. Eine Sonderform des Theaters, die Pantomime, kommt sogar vollständig ohne Sprache aus.

Um die Bedeutung der Figuren und Bewegungen des Körpers beim Tanz oder Ballett zu beschreiben, entwickelte sich innerhalb der Semiotik ein spezielles Teilgebiet: Die Kinesik (von gr. *kínēsis*, »Bewegung«) beschreibt alle nonverbalen, körperlichen Bewegungen, die zur Kommunikation verwendet werden können. Übertragen auf den Alltag geht es dabei allgemein um Phänomene wie das Kopfnicken, das in vielen Kulturen als Bejahung und Zustimmung zu verstehen ist. Die Versuche, in diesem Bereich in einer umfassenden Weise von codierten Zeichen zu sprechen, wurden jedoch vielfach kritisiert. Die Schwierigkeit dieses theoretischen Ansatzes besteht darin, dass nicht jede Bewegung als ein Zeichen aufgefasst werden kann. Allerdings ist es nicht immer einfach, eine klare Grenze zwischen den zeichenhaften und den nichtzeichenhaften Bewegungen zu ziehen. Das zeigt sich besonders anschaulich bei einem Vergleich zwischen dem klassischen Ballett und dem modernen Tanztheater. Die Ballettpositionen sind schwer zu erlernen, erfordern absolute Körperbeherrschung und sind bis ins Detail standardisiert. Die Figuren und Bewegungen, die von den Tänzerinnen und Tänzern im modernen Tanztheater vollzogen werden, erzielen

Tänzerin des Tanztheaters Wuppertal bei einer Probe: Im modernen Tanztheater, wie es vor allem durch die deutsche Choreografin Pina Bausch etabliert wurde, spielen der Charakter und individuelle Ausdruck des Tänzers eine größere Rolle als Perfektion.

ihre besondere Wirkung dagegen vor allem durch ihren individuellen Ausdruck. Die Bewegungsabläufe sind nicht wie bei Ritualen fest vorgeschrieben, sondern leben zum Teil gerade von ihrer Spontaneität und Unvorhersehbarkeit.

Die körperliche Basis der Sprache

Mit unserem Körper können wir Zeichen erzeugen und Bedeutung schaffen – sei es durch Bewegungen, Berührungen, Gesten oder Mimik. Der Körper hat aber noch einen weiteren Anteil an der Zeichenproduktion, insbesondere wenn es um die Sprache geht. Dies betonte die Literaturwissenschaftlerin, Psychoanalytikerin und Mitbegründerin des Poststrukturalismus Julia Kristeva. Das Semiotische ist ihrer Ansicht nach geradezu der Gegenspieler zu dem, was sie das Symbolische nennt, das heißt die Zeichen als ein abstraktes Ordnungssystem, wie es sich Saussure vorstellte. Für Kristeva ist das Zeichenhafte vielmehr an den natürlichen Körper gebunden, der durch Triebe und diffuse Regungen bestimmt ist. Der Körper ist das, was alle Menschen gemeinsam haben und was sie von Beginn an prägt. Er ist damit wichtiger als die von der Sprache, der Religion oder der Gesellschaft ausgehende symbolische Ordnung, die von Regeln und Gesetzen geprägt ist.

Das Semiotische fängt für Kristeva noch vor der Geburt an, dann nämlich, wenn das Kind im Bauch die Stimme der Mutter hört. Diese Stimme erfährt es allerdings nicht als ein Medium der Sprache, sondern als ein körperliches Phänomen. Die körperliche Beziehung zwischen Kind und Mutter macht Kristeva deshalb zum Ausgangspunkt ihrer Zeichentheorie: Das Körperliche, das Unbewusste und die Natur sind für sie die Vorstufe und Grundlage für die Verwendung von symbolischen Zeichen wie der Sprache. So lerne beispielsweise jedes Kind durch das Stillen an der Brust und die von der Mutter vorgegebenen Schlafzeiten einen besonderen Rhythmus kennen, der sich später auf seinen Sprachrhythmus auswirke.

Kristeva zufolge beeinflusst jede individuelle Entwicklung den individuellen Sprachgebrauch eines Menschen. Auch die Fähigkeit zum Spracherwerb überhaupt hängt für sie von einer bestimmten körperlichen und psychischen Entwicklung ab: Und zwar könne ein Kind erst dann zu sprechen beginnen, wenn es eine Vorstellung vom eigenen Ich habe. Solange ein Kind dieses Stadium noch nicht erreicht hat, unterscheidet es nicht zwischen sich und der Mutter oder anderen Bezugspersonen und kann sich folglich auch nicht mittels der Sprache an sie wenden. Die entscheidende Entwicklungsphase der Ichbildung, die sich zwischen dem 6. und 18. Lebensmonat vollzieht, bezeichnete der französische Psychoanalytiker Jacques Lacan als Spiegelstadium, da Kinder in dieser Zeit lernen, sich selbst im Spiegel zu erkennen.

Erst wenn sich Kinder selbst identifizieren können, beginnt laut Julia Kristeva der aktive Spracherwerb.

Diese enge Verknüpfung von körperlicher und geistiger Entwicklung hat direkte Folgen für die Konzepte von Zeichen, Sinn und Bedeutung. Während das Zeichenhafte der Sprache für Kristeva mit der Mutter verbunden ist, verknüpft sie die Vorstellung des Systems mit dem Vater beziehungsweise der »Vaterinstanz«, die Regeln vorgibt und Ordnung schafft und beispielsweise auch im Gesetz oder in der Religion vertreten sein kann. Diese Welt der symbolischen Ordnung ist der Ort, an dem die Zeichen ihren Sinn und ihre Bedeutung erhalten. Das Semiotische und das Symbolische verbinden sich damit zu einem Spannungsfeld zwischen zwei entgegengesetzten Polen: zwischen dem von Wünschen und Triebregungen geprägten Körper des Menschen und dem reglementierenden Zeichen- und Ordnungssystem von Kultur und Gesellschaft.

INFO

Julia Kristeva

Das Denken der 1941 in Bulgarien geborenen Julia Kristeva kreist um die Materialität von Sprache und Zeichen. Die der Psychoanalyse nahestehende Kristeva gilt als Begründerin der poststrukturalistischen Semiotik, also einer Semiotik nach dem Strukturalismus. Schon in ihren frühesten Schriften zur Semiotik wendet sich Kristeva gegen das rein abstrakte Verständnis der Zeichen, das auf Ferdinand de Saussure zurückgeht und dem Strukturalismus zugrunde liegt. Ihr Interesse gilt vielmehr der komplexen Dynamik, die jedem Einzelnen als Sprecher im gesellschaftlichen Kontext zukommt. Die Semiotik ist für sie eine Gesamtheit von kulturellen Praktiken, die Bedeutung erzeugen. Ihre Analysen konzentrieren sich daher nicht nur auf die Sprache und Texte, sondern auf den Diskurs, in den diese eingebettet sind. Mit ihrem Konzept von einer »Semanalyse« suchte sie zudem eine Verbindung von Psychoanalyse und Semiotik. Ihr Ziel war es, mit analytischen Methoden den verborgenen Sinn der Zeichen zu ergründen. Ihr Buch *Die Revolution der poetischen Sprache* (1974) wurde schnell zu einem Klassiker des Poststrukturalismus. Es entstand im Umkreis der Gruppe *Tel Quel* (»so, wie es ist«), als deren theoretischer Kopf Kristeva galt und zu der führende Philosophen und Denker wie Michel Foucault, Jacques Derrida und Roland Barthes gehörten.

ZEICHEN IN TEXTEN UND LITERATUR

Sprachliche Zeichen sind für uns Menschen, wie wir gesehen haben, die wichtigste Kategorie von Zeichen. So ist es nicht verwunderlich, dass sich Zeichentheoretiker stets auch für die unterschiedlichsten Erscheinungsformen von Sprache interessieren. Den Texten und der Literatur kommt in diesem Zusammenhang eine herausragende Stellung zu. Texte bringen ihre eigenen Gesetzmäßigkeiten mit sich und prägen viele Kulturen in ihren Strukturen und ihrem Denken. So führte etwa die starke Orientierung zahlreicher Religionen an einer »heiligen Schrift« dazu, dass Schriftlichkeit und Schriftgut in den meisten westlichen Kulturen eine zentrale Rolle spielen. Dass sich Kulturen durchaus anders entwickeln können, zeigt ein Blick auf rein orale Kulturen wie jene der Aborigines in Australien oder der Germanen in Europa, von denen sich

Thorarolle mit Kippa und Thorazeiger: Sogenannte Schrift- oder Buchreligionen wie das Judentum stützen sich auf eine oder mehrere heilige Schriften.

nur durch Zufall Erzählungen wie die Nibelungensage erhalten haben. Das Wissen wird in oralen Kulturen nicht in Textform auf Steintafeln oder Papier weitergegeben, sondern mündlich. Das Speichermedium sind hier die Erzählungen selbst, welche verständlicherweise viel größeren Veränderungen wie Umdichtungen, Ergänzungen und Erweiterungen unterworfen sind als schriftliche Texte. Doch auch viele der Schriftkulturen gehen letztlich auf eine mündliche Tradition zurück. So ist beispielsweise davon auszugehen, dass die Texte, aus denen das Alte Testament besteht, lange Zeit mündlich tradiert wurden, bevor man sie aufgeschrieben hat.

Was ist ein Text?

Gewöhnlich meinen wir mit »Text« eine schriftliche Wiedergabe der Sprache auf einem materiellen Träger. Sehr häufig sind Texte auf Papier gedruckt oder auf Displays dargestellt. In Stein gemeißelte Wörter und Sätze bezeichnen wir aber ebenfalls als Text. Im Zusammenhang mit Texten sprechen wir zudem von den Autoren der Texte und ihren Adressaten, den Lesern. Eine gesonderte Textklasse sind literarische Texte. Sie werden unter dem Gesichtspunkt des Schönen beziehungsweise ihres ästhetischen Codes untersucht. Bei der Betrachtung von literarischen Gattungen wie Romanen, Novellen, Erzählungen und Gedichten fällt jedoch auf, dass nicht all diese künstlerischen Erzeugnisse als geschriebene Texte vorliegen. Gedichte und Erzählungen können ebenso gut nur mündlich vorgetragen werden. Nicht allein im Feld des Literarischen wird schnell offensichtlich, dass sich der Begriff des Textes nicht ausschließlich auf geschriebene Äußerungen beziehen lässt. Auch ein vorgelesener Text ist noch immer ein Text. Umgekehrt kann jedes Gespräch verschriftlicht und anschließend als geschriebener Text untersucht werden. Aus diesem Grund verwenden die meisten Semiotiker den Textbegriff in einer sehr weiten Bedeutung. Er bezeichnet dann nicht nur die Gesamtheit der schriftlichen Dokumente, sondern außerdem die aller mündlichen Äußerungen. Die weiteste Definition von Text umfasst sämtliche schriftlichen Dokumente, mündlichen und nonverbalen Äußerungen, Bilder und Gegenstände, die mittels eines Codes Bedeutungen für eine Kultur vermitteln.

Lateinischer Text auf einem E-Book-Reader

Ein kennzeichnendes Merkmal jedes Textes ist seine, manchmal mehr und manchmal weniger offensichtliche, Intention. Ein fester Bestandteil der semiotischen Analysen von Texten aller Art ist es darum, diese Absicht oder diesen Zweck zu bestimmen. Um Texte zu verstehen, ist es zudem notwendig, die Bedeutung der einzelnen Worte (Semantik) und die Regeln ihrer sinnvollen Aneinanderreihung (Syntax) zu kennen. Je nach Kontext sind Texte mehr oder weniger bewusst gestaltete Gebilde. Ein Kriterium von Texten ist die innere Kohärenz, über die sie zumindest bis zu einem gewissen Grad verfügen müssen. Eine wahllose Zusammenstellung von Wörtern oder Sätzen, die keinen zusammenhängenden Sinn ergeben, würden wir kaum noch als Text bezeichnen. Die Grenzen sind allerdings schwer zu ziehen. Besonders bewusst und kunstvoll geformte Texte können zum Beispiel Stilmittel wie das der Verfremdung aufweisen, die zu Missverständnissen führen können, wenn ihre Deutung nicht beherrscht wird. Zu guter Letzt erschließt sich die Bedeutung von Texten oft nur durch ein bestimmtes Wissen von der Welt, die Kenntnis anderer Texte oder die Einbeziehung der konkreten Situation, in der ein Text verortet ist. Dieses Kriterium von Texten wird als »Intertextualität« bezeichnet und besagt, dass es innerhalb einer Kultur keinen sinnvollen Text geben kann, der sich nicht auf andere Texte oder Strukturen der Kultur bezieht. Der Kulturtheoretiker Roland Barthes beschrieb dies in seinem Aufsatz *Der Tod des Autors* (1968) folgendermaßen:

Der Text ist ein Gewebe von Zitaten aus unzähligen Stätten der Kultur ... (Er) ist aus vielfältigen Schriften zusammengesetzt, die verschiedenen Kulturen entstammen und miteinander in Dialog treten, sich parodieren, einander infrage stellen.

Der Stil des Textes

Woran liegt es, dass wir die Texte von unseren Lieblingsautoren leicht unter vielen anderen herausfinden können? Wer etwa mit den Texten Franz Kafkas vertraut ist, wird selbst bei einem kurzen Textausschnitt keine großen Schwierigkeiten haben, den typisch kafkaesken Stil zu erkennen. Jeder Text lässt sich anhand des charakteristischen Stils beschreiben, den der Verfasser ihm verleiht. Die stilprägenden Merkmale eines Textes sind dabei äußerst vielfältig: angefangen von der Satzlänge über spezielle syntaktische Konstruktionen bis hin zur Verwendung spezieller Wörter. Der Schreibstil des Schriftstellers Thomas Bernhard zeichnet sich zum Beispiel durch lange (innere) Monologe, eine Vorliebe für das Wort »naturgemäß«, zahlreiche und regelmäßige Wiederholungen, einen musikalischen Rhythmus sowie verschachtelte Sätze aus. Ein typischer Satz aus der Erzählung *Gehen* (1971) lautet:

Sie ändern Ihre Gewohnheit, sagt Oehler, indem Sie jetzt nicht nur am Mittwoch, sondern auch am Montag mit mir gehen und das heißt jetzt abwechselnd mit mir in die eine (in die Mittwoch-) und in die andere (in die Montag-)Richtung, während ich meine Gewohnheit dadurch ändere, dass ich bis jetzt immer Mittwoch mit Ihnen, Montag aber mit Karrer gegangen bin, jetzt aber Montag und Mittwoch und also auch Montag mit Ihnen gehe und also mit Ihnen Mittwoch in die eine (in die östliche) und Montag mit Ihnen in die andere (in die westliche) Richtung.

Allerdings unterscheidet sich der Stil des Schriftstellers Bernhard von dem Stil des Briefeschreibers Bernhard. Der Stil eines Textes kann also durchaus auch von der jeweiligen Textgattung abhängen.

Betrachten wir darum zunächst genauer, was im Allgemeinen mit dem Stil einer Sache gemeint ist: Das Wort »Stil« taucht in der Alltagssprache in mehreren Kontexten auf. So spricht man von einem Kleidungs- oder Modestil, wenn sich Menschen in einer Weise kleiden, die sich irgendwie von anderen absetzt. Auch der Stil des Autofahrens, der Einrichtung oder des Denkens beschreibt charakteristische Varianten bestimmter Handlungen und Tätigkeiten. In der Jugendsprache findet man das aus dem Englischen entlehnte Wort »Style« für gewisse kennzeichnende Verhaltens- und Ausdrucksweisen. In der Kunst wiederum gibt es sowohl die Stilepoche wie den Mal- oder Zeichenstil. Hier bezeichnet der Stil eine besondere Eigenart in der Technik oder den verwendeten Materialien, die man entweder den Kunstwerken einer Zeit oder einzelnen Künstlern zuschreibt. Ähnlich wie der

Im deutschen Wort »Stil« steckt die lateinische Bezeichnung für einen Schreibgriffel, den *stilus*.

Textbegriff beschränkt sich der Stilbegriff somit nicht auf schriftliche Dokumente, sondern lässt sich auf viele Bereiche anwenden.

Der Stil eines Textes hat demnach etwas mit seiner spezifischen Erscheinungsform zu tun. Ursprünglich geht das deutsche Wort »Stil« auf das lateinische Wort *stilus* zurück, das ein Schreibgerät oder einen Griffel bezeichnete, mit dem Schiefertafeln beschrieben wurden. Wenn nun von dem *stilus* einer bestimmten Person die Rede war, meinte man damit ihren speziellen Umgang mit dem Schiefergriffel, ihre Technik des Schreibens. Sprechen wir heute von dem Schreibstil einer Person, ist damit hingegen meist eine Wahl zwischen verschiedenen alternativen Ausdrucksweisen verbunden. Wenn jemand vorhat, nach Hause zu gehen, kann er zum Beispiel einfach sagen: »Ich gehe nach Hause.« Möchte er zudem etwa andeuten, dass ihn dort nichts Gutes erwartet, könnte er aber auch metaphorisch sagen: »Ich gehe in die Höhle des Löwen.« Ein ironischer Sprecher könnte sich stattdessen entscheiden für: »Meine Wenigkeit begibt sich nach Hause.«

Der Stil eines Textes lässt sich also grundsätzlich als das Ergebnis einer Auswahl, Variation und Kombination von Zeichen verstehen, durch die über die bloße Mitteilung der betreffenden Intentionen, Gefühle, Gedanken oder Sachverhalte hinaus

INFO

Rhetorische Stilmittel

Schon in der Antike bemühten sich Denker und
Philosophen um eine Systematik stilistischer Figuren,
die in Texten und bei der freien Rede angewendet werden
können. Solche rhetorischen Stilmittel sollten dabei helfen, Texte
so zu gestalten, dass damit eine gewünschte Wirkung erzielt werden
konnte, zum Beispiel die Leser oder Zuhörer zu überzeugen. In der sogenannten Stilistik geht man davon aus, dass es einen Unterschied zwischen
Inhalt und Form gibt, wobei die Form das äußere Gewand für den Inhalt darstellt. Um einen bestimmten Effekt zu erreichen, kann dem zu vermittelnden Inhalt daher gezielt eine besondere Form verliehen werden. Die Gestaltung kann hier
sowohl die Ebene der Bedeutung betreffen, die der Lautgestalt wie die der Wort-
stellung. Die Stilmittel der sogenannten Tropen (von gr. *tropé*, »Wendung«) bestehen
beispielsweise darin, einen Ausdruck durch einen alternativen anderen zu ersetzen,
der die ursprüngliche Bedeutung erweitert, verstärkt, abschwächt oder verschiebt.
So lässt sich eine Erzählung etwa durch die Verwendung von Metaphern wie »die
Höhle des Löwen« oder »das Feuer der Liebe« anschaulicher und lebendiger
gestalten. Stilmittel auf der lautlichen und syntaktischen Ebene sind dagegen
zum Beispiel die Alliteration, bei der zur Erhöhung der Aufmerksamkeit
des Lesers oder Hörers Wörter mit denselben Anfangsbuchstaben
kombiniert werden (»bei Nacht und Nebel«), und die Anapher, bei
der zur Verstärkung der Aussage ein oder mehrere Wörter
am Anfang aufeinanderfolgender Sätze oder Satzteile
wiederholt werden (»Kennst du einen, kennst
du alle!«).

zusätzliche Informationen erzeugt werden. Diese Informationen können genauere
Auskunft über den Urheber der Zeichen, ihren speziellen Zweck oder den jeweiligen
Kontext geben, in dem sie verortet sind. So kann der Stil eines Briefs beispielsweise
verraten, ob es sich um ein privates oder offizielles Schreiben handelt, ob der Schreiber erfreut oder erzürnt ist und ob er den Empfänger unterhalten oder sich bei ihm
beschweren möchte. Nicht zuletzt kann sich ein Autor oder Künstler durch ein un-
verwechselbares Stilmerkmal einen Wiedererkennungseffekt sichern.

Syntagma und Paradigma

Eine Möglichkeit, Sprache, Stil und Poesie zeichentheoretisch zu fassen, liefert die Unterscheidung
von Paradigma und Syntagma. Unter »Syntagma« wird eine
konkrete Folge miteinander verknüpfter sprachlicher Einheiten
verstanden, die einen bestimmten Sinn realisiert. Der Satz »Ich trinke
gerne Limonade« stellt ein solches Syntagma dar. Für jeden einzelnen
Ausdruck gibt es nun wiederum eine bestimmte Menge von alternativen
Ausdrücken, die sinnvoll an seine Stelle gesetzt werden können. So könnte in
unserem Satz statt »Limonade« auch »Brause« oder »süßes Sprudelwasser«
stehen und statt »trinken« »schlürfen« und so weiter. Eine Reihe solcher äquiva-
lenter Ausdrücke wird als »Paradigma« bezeichnet. Der Stil eines Textes beruht
aus dieser Perspektive auf einer gezielten Wahl aus einem Paradigma.
Dem Semiotiker Roman Jakobson zufolge besteht ein Kennzeichen poetischer
Texte schließlich darin, dass der Autor nicht nur einzelne Elemente aus einem
Paradigma wählt, sondern mehrere miteinander kombiniert. Ein Paradigma
kann sich dabei auf der Ebene des Inhalts (ähnliche Bedeutungen) bilden,
aber ebenso auf der des Ausdrucks (ähnliche Laute), wie zum Beispiel
Ernst Jandls Gedicht *ottos mops* (1963) zeigt. Dadurch erhalten
poetische Werke ihre Mehrdeutigkeit, ihre Vielstimmigkeit und
ihre Wiederholungen. Die Dichtung geht damit über die
Funktion der reinen Mitteilung hinaus und rückt
die Erscheinung der Sprache selbst in den
Blickpunkt.

Die Interpretation poetischer Zeichen

Viele der aus zeichentheoretischer Sicht interessanten Texte sind ästhetische Texte. Mit ihrer Deutung befasst sich speziell die Literatursemiotik. Diese untersucht
die Strukturen literarischer Texte daraufhin, wie sie Bedeutung erzeugen. Im Fokus
stehen dabei hauptsächlich erzählende Texte wie Romane, Fabeln, Märchen oder
Novellen. Wie die jeweilige Erzählung Bedeutung erhält, wird auf mehreren Ebenen untersucht: auf der Ebene der Zeit – in welcher Reihenfolge wird erzählt, wie

lange oder wie oft –, der Ebene des Modus – aus welcher Sicht wird erzählt, welche Distanz ist zwischen dem Erzähler und dem Erzählten – und der Ebene der Stimme – wer spricht, wann und wo wird erzählt. Schauen wir uns dazu ein Beispiel aus dem Roman *Schlafes Bruder* (1992) von Robert Schneider an. Er beginnt mit dem folgenden Satz:

Das ist die Geschichte des Musikers Johannes Elias Alder, der zweiundzwanzigjährig sein Leben zu Tode brachte, nachdem er beschlossen hatte, nicht mehr zu schlafen.

Statt einer linearen chronologischen Erzählung von der Geburt bis zum Tod des Helden erfolgt hier zu Beginn der Geschichte ein Zeitsprung, der ihr Ende bereits vorwegnimmt. Durch diese Organisation des Erzählten auf der Zeitebene wird die Bedeutung der Erzählung grundlegend verändert und die Aufmerksamkeit des Lesers in eine andere Richtung gelenkt: Der Leser liest den Roman nun nicht mehr, um zu erfahren, wie er ausgeht, sondern sein Interesse konzentriert sich ganz darauf, wie es zu diesem Ende kommen konnte.

Doch nicht nur auf der Ebene des Erzählens wird nach Zeichenstrukturen des Textes gesucht. Auch auf der Handlungsebene wurden bereits solche Strukturen vermutet und gefunden. Eines der berühmtesten Beispiele für eine semiotische Theorie der Handlung findet sich in Wladimir Propps Buch *Morphologie des Märchens* (1928). Propp war ein russischer Volkskundler und Philologe, der russische Zaubermärchen auf gleiche, immer wiederkehrende Handlungssequenzen untersuchte. Er stellte fest, dass es in diesen Märchen insgesamt 31 Handlungselemente oder Funktionen gibt, die sieben grundlegenden Figurentypen oder Handlungsträgern, wie zum Beispiel Gegenspieler, Helfer oder Held, zugeordnet werden können. Wenngleich diverse Variationen möglich sind, konnte er dabei ein einheitliches Handlungsschema entdecken, auf dem letztlich alle Zaubermärchen basieren: angefangen vom Auszug des Helden aufgrund

Die schöne Wassilissa bringt nach einem Besuch bei der Hexe Baba Jaga einen Totenschädel mit brennenden Augen nach Hause, Aquarell von Iwan Jakowlewitsch Bibilin, 1899. Das Bestehen einer Prüfung und der Erhalt eines Zaubermittels gehören nach Wladimir Propp zu den wesentlichen Handlungselementen eines russischen Zaubermärchens.

eines Schadens oder Mangels über das Bestehen von Prüfungen und den Erhalt eines Zaubermittels bis zur siegreichen Heimkehr oder Ankunft. Die immer gleiche Handlungsstruktur wird damit bei Propp zum eigentlichen Bedeutungsträger der verschiedenen Märchenerzählungen. Andere Märchenforscher wie die Brüder Jacob und Wilhelm Grimm isolierten dagegen einzelne Figuren (König, Pferd, Frosch, Prinzessin) oder Motive (ausgesetzte Kinder, böse Stiefmutter, ewiger Schlaf einer Schönen), um die Bedeutung von Märchen zu analysieren.

Erzählung und Fiktion

Eine Hauptunterscheidung, die Erzähltheoretiker seit der Antike beschäftigt, ist die zwischen erzählerischen und nichterzählerischen Texten. Wie lässt sich ein Bericht oder eine Nachricht von einer Erzählung unterscheiden? Unzählige Gattungs- und Texttheorien versuchten lange Zeit, zwischen beiden Bereichen klare Grenzen zu ziehen und Kriterien für die verschiedenen Textgattungen zu entwickeln. Heute wird hingegen eher das Erzählerische in allen Gebieten der Textproduktion gesucht und gefunden. Die Texte der Physik, Chemie und Biologie sind die Erzählungen der Naturwissenschaftler, historische Texte sind die Erzählungen der Geschichte und selbst die kleinsten alltäglichen Äußerungen weisen für moderne Erzähltheoretiker noch erzählerische Elemente auf.

Diese Ausweitung des Begriffs der Erzählung brachte jedoch eine andere wichtige Unterscheidung mit sich, nämlich die in fiktionale und nichtfiktionale Erzählungen, also in Erzählungen, die auf wahren Begebenheiten oder Tatsachen beruhen, und Erzählungen, die frei erfunden sind. Eine strikte Trennung zwischen beiden Formen ist in Bezug auf die literarischen Texte allerdings oft schwierig. Zwar ist die Handlung vieler Romane und literarischer Erzählungen weitestgehend erfunden, aber sie haben doch stets einen direkten Bezug zur Wirklichkeit, sie enthalten Teile, die »wahr« sind, oder haben zumindest den Anspruch, einen wahren Kern zu enthalten. Umgekehrt können in vermeintlich nichtfiktionalen Zeitungsartikeln oder Reportagen ebenso fiktionale Elemente wie etwa Spekulationen auftauchen.

Der allgemeine Umgang mit Texten und die Tradition der Textdeutung sind im europäischen Raum vor allem durch die christliche Religions- und Kirchengeschichte geprägt, insbesondere durch

Christliche und jüdische Gelehrte disputieren über die Auslegung der Heiligen Schrift; Holzschnitt, Deutschland, um 1500.

die Geschichte der Bibelauslegung. Im Zentrum dieser Geschichte stand die heftig umstrittene Frage, ob das Wort Gottes auch wörtlich zu verstehen sei oder nicht. Besonders stark auf unser heutiges Verständnis fiktionaler Texte wirkte sich die Deutung der biblischen Texte als ein Gleichnis aus: Ein Gleichnis besteht aus zwei Ebenen, der Ebene des Gesagten und der Ebene des Gemeinten. Den eigentlichen Sinn der biblischen Erzählung vermutete man also hinter ihrem offensichtlichen Wortsinn, der deshalb von speziellen Fachleuten wie zum Beispiel Priestern oder Schriftgelehrten eingehend gedeutet werden musste.

Die Lehre vom vierfachen Schriftsinn

Schon im Urchristentum entbrannte ein Streit um die richtige Deutung der Heiligen Schrift. Im 5. Jahrhundert entwickelte der Abt Johannes Cassianus (360–435) im Anschluss an den bedeutenden Bibelexegeten Origenes (185–254) die Lehre vom »vierfachen Schriftsinn«, die für das gesamte Mittelalter prägend sein sollte. Der erste Schriftsinn ist der Literalsinn, der wörtlich beziehungsweise historisch verstanden wurde. Der zweite Schriftsinn ist der allegorische Sinn, der in Hinsicht auf den Glauben und die Heilsgeschichte ausgelegt wurde. Der dritte, tropologische Sinn enthielt eine moralische Botschaft für den einzelnen Menschen (Auslegung auf die christliche Liebe), während der vierte, anagogische oder auch eschatologische Sinn Aufschluss über die letzten Dinge und das Leben nach dem Tod versprach (Auslegung auf die Hoffnung). Ein Merkvers der Theologiestudenten im Mittelalter fasst den vierfachen Sinn der Bibel so zusammen:

Der Buchstabe lehrt, was geschehen ist;
die Allegorie, was zu glauben ist;
der moralische Schriftsinn, was zu tun ist;
der anagogische Schriftsinn, was zu hoffen ist.

Erst im Zuge der Reformation wurde die Lehre vom vierfachen Schriftsinn abgelehnt und man kehrte in der orthodoxen evangelischen Glaubensrichtung zum reinen Wortsinn des Bibeltextes zurück. Infolge der Aufklärung setzte sich im Allgemeinen schließlich eine historisch-kritische Auslegungsmethode durch.

BILDER
ALS ZEICHEN

Auf unserer Reise durch die Welt der Zeichen sind uns bereits mehrfach bildliche Zeichen begegnet, sei es auf Hinweisschildern, in der Natur, in Schriftzeichen oder in unseren Träumen. Doch was genau ist eigentlich ein Bild? Charles Sanders Peirce, der den Begriff der Bildlichkeit zuerst in die Zeichentheorie eingeführt hat, charakterisierte die von ihm so genannten Ikone allgemein als Zeichen, die zu dem jeweils bezeichneten Objekt oder Sachverhalt in einer Abbild- oder Ähnlichkeitsbeziehung stehen. Bilder sind damit allerdings keineswegs auf den visuellen Bereich beschränkt, wie die gewöhnliche Verwendung des Wortes »Bild« in der Alltagssprache vielleicht nahelegen würde. Ähnlichkeitsbeziehungen lassen sich ebenso auf akustischer Ebene finden, wenn wir zum Beispiel durch Pfeifen die Stimmen von Vögeln imitieren. In übertragenem Sinne können wir sogar durch unsere Sprache oder in unseren Vorstellungen etwas abbilden – nicht ohne Grund sprechen wir bei der Gesamtheit unserer Vorstellungen über die Welt auch von unserem »Weltbild«.

Der Bildtheoretiker William John Thomas Mitchell unterscheidet deshalb insgesamt fünf verschiedene Arten von Bildern, wobei die ersten beiden Gruppen für ihn die »eigentlichen« Bilder darstellen:

- GRAFISCHE BILDER wie Zeichnungen, Gemälde und Statuen

- OPTISCHE BILDER wie Spiegelbilder und Projektionen

- PERZEPTUELLE BILDER wie bestimmte Sinnesdaten und Erscheinungen

- GEISTIGE BILDER wie Vorstellungen, Träume und Erinnerungen

- SPRACHLICHE BILDER wie Metaphern und Beschreibungen

Im Folgenden wollen wir uns ein wenig genauer mit der ersten dieser Gruppen befassen, mit den grafischen Bildern. Wie wir schnell feststellen werden, können jedoch nicht alle diese Bilder, insbesondere jene der Kunst, als rein abbildende ikonische Zeichen aufgefasst werden, wie Peirce sie beschreibt. In zahlreichen Fällen spielen hier symbolische Zeichen eine zentrale Rolle, die ihre Bedeutung nicht aufgrund ihrer Ähnlichkeit zu einem Gegenstand besitzen, sondern aufgrund einer Konvention.

Der Code der Bilder

Wenn grafische Bilder als Zeichen aufgefasst werden, lassen sie sich grundsätzlich unter zwei verschiedenen Gesichtspunkten betrachten: einerseits als Abbild dessen, was sie darstellen, und andererseits als abstrakte Formen, Farben, Linien und Flächen. Allerdings lässt sich damit nicht die Gesamtheit der Bilder in zwei Lager aufteilen, sondern ein und dasselbe Bild kann sowohl den einen wie den anderen Aspekt aufweisen. Gebots- oder Verbotszeichen nutzen beispielsweise oft eine Doppelstrategie: So zeigen etwa Verbotsschilder, die das Mitführen eines Hundes untersagen, in der Regel einen roten Balken, der schräg über das Bild von einem Hund verläuft. Das Abbild des Hundes verweist dabei auf das gemeinte Objekt und der rote Querbalken auf das Verbot. Im Unterschied zum ikonischen Hundezeichen, dessen Bedeutung sich aus dem ergibt, was es darstellt, handelt es sich bei dem roten Strich, der über dieses Bild gezeichnet ist, um ein Symbol, dessen Bedeutung konventionell bestimmt ist. Um es als Verbot zu verstehen, müssen wir die hier geltende Konvention des Durchstreichens kennen.

Andere Verbotszeichen zeigen allerdings, dass auch ikonische Bilder nicht immer selbstverständlich sind. Auf dem europäischen Verbotsschild, das es untersagt, an einem Ort Gegenstände abzustellen oder zu lagern, ist beispielsweise eine Kiste zu sehen, die in den Augen des einen oder anderen genauso gut einen Zaun darstellen könnte. Das heißt, dass selbst das Lesen von bloßen Abbildungen in gewisser Weise gelernt werden muss.

Dass unsere Bildwahrnehmung in großen Teilen von unseren Sehgewohnheiten abhängt, machen die Bilder des französischen Impressionismus und Pointillismus besonders deutlich: Einerseits bemühten sich die Künstler darum, realistische Szenen abzubilden. Dazu verließen sie ihre Ateliers und wurden zu glühenden Verfechtern der Freilichtmalerei. Andererseits lösten sie sich immer mehr von einer realistischen Darstellungsweise und begriffen ihre Bilder als eine bewusst gestaltete Fläche, auf der durch die Aneinanderreihung von vielen farbigen Flächen, Linien oder Punkten der Eindruck von einer Szene entsteht. Um zu erkennen, was diese Bilder tatsächlich darstellen, ist daher eine bestimmte Betrachtungsweise nötig, die

»Mitführen von Hunden verboten« und »Abstellen oder Lagern verboten«: Verbotszeichen wie diese kombinieren in der Regel ikonische und symbolische Elemente.

Tor in Saint-Tropez, Gemälde von Paul Signac, 1896: Die Künstler des Pointillismus setzten zahllose Punkte unvermischter Farbe dicht nebeneinander und überließen es dem Auge des Betrachters, sie zu einem farblichen Gesamteindruck zu vermischen und zu konkreten Figuren zu verschmelzen.

sich weniger auf die einzelnen Details konzentriert als auf den Gesamteindruck, den sie bewirken.

Bereits ein Blick auf die ägyptischen Hieroglyphen zeigt, dass es bei einem Bild keineswegs nur um die Abbildung der Realität gehen muss. Die Wiederentdeckung der Hieroglyphen in der Renaissance löste unter den europäischen Gelehrten eine große Faszination aus, die zum Teil bis ins 20. Jahrhundert andauerte. In den Hieroglyphen wurde lange Zeit eine Urschrift vermutet, die Aufschluss über die wahre Bedeutung der Dinge versprach. Das Zeichen des Uroboros, einer Schlange, die sich selbst in den Schwanz beißt, wurde sehr früh entschlüsselt und taucht entsprechend häufig in der Kulturgeschichte auf. Seine Bedeutung ergibt sich nicht allein aus der ikonischen Abbildung selbst, sondern vor allem aus der dargestellten Kreisform, bei der Ende und Anfang ineinander übergehen. Aufgrund dieser Form gilt das Zeichen als ein Symbol für die Ewigkeit oder das in sich geschlossene Universum. Um Hieroglyphen zu verstehen, genauer gesagt zu entschlüsseln, ist also ein spezielles Wissen notwendig, und zwar ein Wissen über die Codierung von Bedeutungen in Bildern.

Die Bedeutung von Bildern kann damit weit über das hinausgehen, was sie im eigentlichen Sinne abbilden. Ikonische Zeichen können stets zugleich Symbole sein, deren Verweisstruktur auf verschiedenen kulturellen Codes beruht. Mit den Symbolen und Motiven in der abendländischen Kunstgeschichte befasst sich im Besonderen die Wissenschaft der »Ikonografie«. Von ihr kann man beispielsweise lernen, dass das Bild eines an einen Baum oder eine Säule gefesselten Mannes, der von Pfeilen durchbohrt ist, auf die biblische Szene vom heiligen Sebastian verweist, der sich zur Zeit der römischen Christenverfolgung zum Christentum bekannte und dafür von Kaiser Diokletian zum Tode verurteilt und von Bogenschützen erschossen wurde. Heilige, Erleuchtete, Mächtige und Götter wurden konventionell auch mit einem Nimbus dargestellt – dem sogenannten Heiligenschein, der als eine Art Lichterscheinung den Kopf oder den gesamten Körper einer Figur umgibt.

Der Kunsthistoriker Aby Warburg ging mit seinem »Mnemosyne«-Projekt

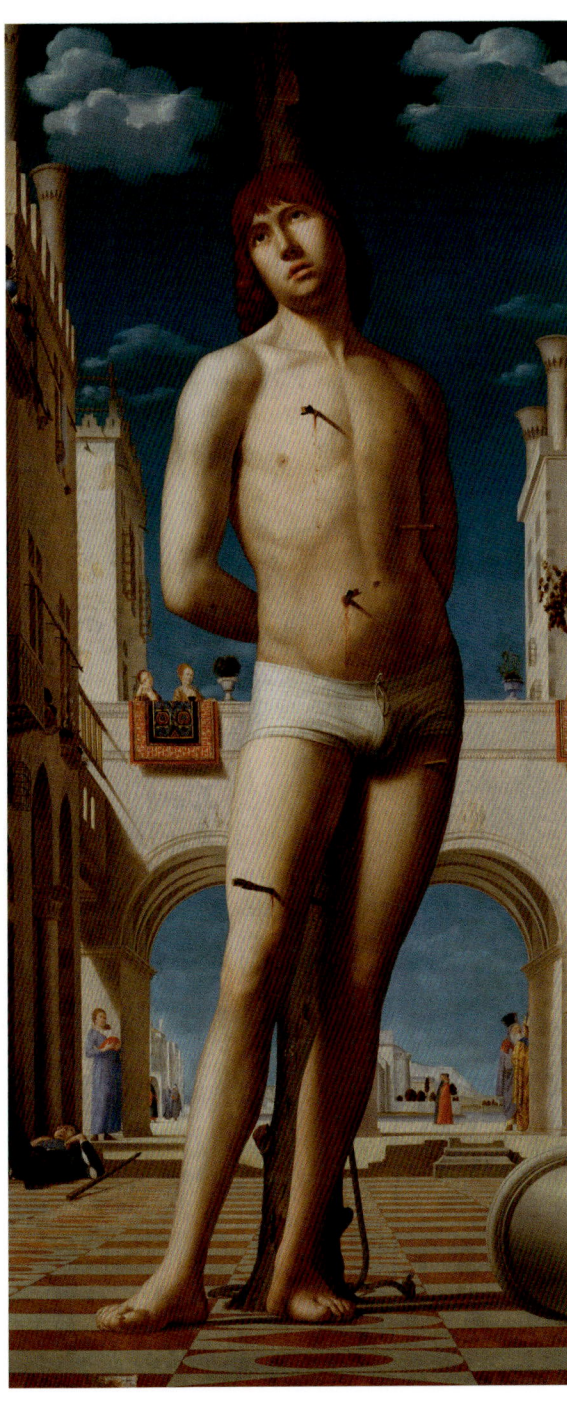

Der heilige Sebastian, Gemälde von Antonello da Messina, 1478: Das biblische Motiv des christlichen Märtyrers, der wegen seines Glaubensbekenntnisses zum Tode verurteilt wurde, taucht durch die Kunstgeschichte hindurch in zahlreichen Variationen auf.

sogar noch einen Schritt weiter: In diesem Bilderatlas, der den Namen der griechischen Göttin der Erinnerung trägt, stellte er in mühevoller Kleinarbeit zahlreiche Details aus Bildern von der Antike bis zur Gegenwart zusammen, um die Zusammenhänge einer sehr langen Tradition aufzuzeigen. Ihm gelang es so, Bildformeln zu finden, die über viele Jahrhunderte vor allem dazu genutzt wurden, starke Gefühle in Bildern auszudrücken. Er fand immer wiederkehrende Muster in Gebärden und Körperhaltungen, in Rock- und Gewänderfalten oder in der Form von Haarlocken und verknüpfte sie mit bestimmten Gefühlen wie Trauer oder Freude, die sie anzeigten. Da diese formelhaften Darstellungen besonders heftige Emotionen zum Ausdruck brachten, nannte Warburg diese Bildeinheiten »Pathosformeln«.

Farbsymbolik und die Wirkung von Farben

Bilder wirken durch ihre Farben ganz unmittelbar auf den Betrachter. Namentlich die moderne abstrakte Malerei macht sich diese starke Wirkung zunutze. Sie setzt eher auf den Effekt von Farben als auf die gegenständliche Darstellung. Doch inwiefern handelt es sich beim Farbeffekt um ein natürliches Phänomen? Zunächst lässt sich vermuten, dass durch die Natur bereits eine spezielle Wirkung von Farben vorgegeben ist. Dafür spricht, dass zum Beispiel Hinweiszeichen häufig mit der »natürlichen« Wirkung von Signalfarben arbeiten. Die Kombination aus Rot und Weiß, die uns von den giftigen Fliegenpilzen bekannt ist, findet sich bei Verbotszeichen wieder, während die in der Natur als Gefahrenanzeige verbreitetere Farbkombination Gelb-Schwarz bei unseren Warnzeichen wieder auftaucht. Unsere Reaktion auf diese Farbkombinationen ist allerdings nicht angeboren; erst durch Erfahrungen lernen wir, dass sie eine Gefahr anzeigen. Dennoch lässt sich durchaus von einem allgemeinen natürlichen Effekt der Farben auf uns sprechen. So wirkt etwa langwelliges Licht, das wir als Orange- oder Rottöne wahrnehmen, anregender als kurzwelliges Licht, das für uns violett oder blau aussieht. Entscheidend für solche Effekte sind aber nicht nur die Farbtöne, sondern ebenso die Aspekte der Helligkeit und der Sättigung.

Blauer Akkord (Schwammrelief 10), Gemälde von Yves Klein, 1960: Der Franzose setzte in seinen monochromen Werken vor allem auf die Sogwirkung der ultramarinblauen Farbe, die er sich als »International Klein Blue« patentieren ließ.

100
101
Die Sprache der Zeichen | *Bilder als Zeichen*
Farbsymbolik und die Wirkung von Farben

INFO

Symbolische Formen

Ähnlich wie bei den Farben lässt sich auch
bei den geometrischen Formen nach ihrer allgemeinen und kulturspezifischen Bedeutung fragen. In der
Systematik der Verkehrszeichen übernehmen die äußeren Formen beispielsweise ebenfalls eine Funktion: Rund sind jene Zeichen,
die Gebote und Verbote anzeigen, Warnzeichen haben die Form eines
Dreiecks und rechteckige Zeichen geben lediglich Hinweise oder erläuternde
Informationen.
Bestimmte geometrische Formen tragen allerdings eine Bedeutung, die sich
bereits über viele Jahrhunderte erhalten hat und die zum Teil in zahlreichen Kulturen ähnlich tradiert wurde. So findet sich der Kreis als Symbol für die Unendlichkeit,
das Göttliche, die Seele, die Sonne, die Ewigkeit, für Perfektion oder wiederkehrende Zyklen in nahezu allen Kulturen wieder. Das Kreuz tritt als Symbol, das auf die
Kreuzigung von Jesus verweist, verstärkt in christlich geprägten Kulturräumen
auf. Es dient aber auch in anderen Kulturen als Symbol für den Menschen und
seinen Lebensweg. Die vertikale Linie steht dabei für den (aufrecht gehenden)
Menschen, während die horizontale Linie seinen Lebensweg von der Geburt
bis zum Tod versinnbildlicht. Die Form des Dreiecks verweist in der
christlichen Symbolsprache auf die Dreifaltigkeit Gottes. In anderen
Kulturen steht das nach oben zeigende Dreieck wiederum für
Männlichkeit oder Feuer, wohingegen das nach unten
weisende Dreieck Weiblichkeit oder Wasser
symbolisiert.

Wie Farben auf uns wirken, wird jedoch keineswegs allein durch ihren natürlichen Effekt bestimmt. Individuelle Erfahrungen und Erinnerungen können unsere
Farbwahrnehmung beeinflussen und verändern. Farben, die wir aus den Sommer-
monaten kennen, verbinden wir etwa eher mit der Eigenschaft »warm« als die win-
terlichen Farben. Darüber hinaus wird die Wirkung von Farben sehr stark von der
symbolischen Bedeutung beeinflusst, die ihnen innerhalb einer Kultur zugeschrieben wird. Die Symbolik der Farben ist dabei wie die Bedeutung sprachlicher Zeichen codiert und kann sich mithin wie diese von Kultur zu Kultur unterscheiden.
So weist in der chinesischen Kultur die Farbe Grün das Böse ab, während dies in der

japanischen Tradition die Farbe Rot übernimmt und im westlichen Kulturraum die Farbe Gelb. Der Affekt der Wut wird in vielen Kulturen durch Rot symbolisiert, in der hinduistischen dagegen durch Schwarz.

Vornehmlich in Bildern der Kunst werden Farben oft gezielt aufgrund ihrer jeweiligen symbolischen Bedeutung eingesetzt. In der europäischen Kunstgeschichte stand beispielsweise das Purpurrot lange unter anderem für Reichtum und Macht. Die purpurnen Farbpigmente waren in der Antike sehr schwer herzustellen und sogar teurer als Gold. Um ein Gramm Purpur zu produzieren, mussten 8000 Purpurschnecken gesammelt und tagelang aufwendig bearbeitet werden. Ein leuchtendes Purpurrot war daher nur für reiche und bedeutende Persönlichkeiten verfügbar und zeitweise ausschließlich höchsten Würdenträgern vorbehalten. Könige, Kaiser und Päpste trugen auf Gemälden vom römischen Altertum bis zum Mittelalter darum meist purpurne Mäntel, die sie als Herrschergestalten auswiesen. Im Mittelalter symbolisierte die Farbe Rot als Farbe des Blutes hingegen eher das religiöse Opfer und Märtyrertum. Da Märtyrer ihr Leben aus ihrer unbegrenzten Liebe zu Gott hingeben, gilt Rot heute wiederum als die Farbe der Liebe. Im Laufe einer Kulturgeschichte kann sich die Farbsymbolik also immer wieder ändern. So erhielt das Blau in der christlichen Kunst erst im Mittelalter die Bedeutung einer göttlichen Farbe. Zum Durchbruch verhalf der blauen Farbe die Geschichte der Mariendarstellungen: Der äußere Mantel, mit dem die Mutter Gottes abgebildet wurde, erhielt nämlich ab dem Spätmittelalter die Farbe des Himmels. In der Folge waren bald die ersten weltlichen Herrscher in blauen Gewändern auf Gemälden zu sehen.

Porträt Karls des Großen in kaiserlichem Purpur, Gemälde von Philipp Veit, 1843

102
103
Die Sprache der Zeichen | Bilder als Zeichen
Die Grammatik der Bilder: von Gemälden zu Landkarten

Die Grammatik der Bilder: von Gemälden zu Landkarten

Von Bildern geht oft eine besondere Wirkung aus, die sich kaum vollständig in der Sprache wiedergeben oder durch die Sprache erzielen lässt. Vor allem die emotionale Wirkung, die ein Bild auf einen Betrachter hat, kann nicht gleichermaßen durch die sprachliche Beschreibung desselben hervorgerufen werden. Bilder wirken viel unmittelbarer als die mit Begriffen und Logik arbeitende Sprache. Doch auch Bilder scheinen in gewisser Weise zu uns zu sprechen, sodass sich die Frage stellt, ob ihnen nicht ebenfalls eine Art Regelsystem, eine Grammatik zugrunde liegt. Um diese Frage zu beantworten, lohnt sich ein genauerer Blick auf die unterschiedlichen Formen von Bildern, mit denen wir täglich zu tun haben.

Im Straßenverkehr läuft ein großer Teil der Kommunikation zwischen dem abstrakten Regelsystem der Verkehrsordnung und dem Verkehrsteilnehmer über Bilder ab. Komplexere Regeln, die ein einzelnes Bild nicht mitteilen kann, werden dabei kommuniziert, indem Verkehrszeichen hintereinandergeschaltet werden: Vor einer Baustelle auf der Autobahn folgen zum Beispiel meist mehrere Schilder aufeinander, die auf immer geringere erlaubte Geschwindigkeiten verweisen, zuerst etwa 100 km/h, dann 80 km/h und schließlich 60 km/h. Hierbei können wir die Prinzipien der Sprache, die nacheinander in der Zeit abläuft, auf die räumliche Anordnung der Bilder übertragen. In diesen Fällen scheint die Grammatik der Bilder aber lediglich von der Sprache geborgt zu sein. Eigene Prinzipien, die spezifisch für Bildzeichen sind, lassen sich darin noch nicht erkennen.

Der Vergleich mit der Sprache führte die Bildsemiotiker zu der Frage, wie wir Bilder eigentlich »lesen«. Eine bedruckte Buchseite lässt sich nämlich nicht nur als ein Text verstehen, also eine Aneinanderreihung von Schriftzeichen, sondern genauso gut als ein Bild. Buchstaben sind letztlich nichts anderes als grafische Einheiten, die wir aus Gewohnheit als Schrift lesen. Wir sind es gewohnt, uns diese Schrift als Repräsentation von gesprochener Sprache vorzustellen. Lesen bedeutet in diesem Fall, die Schriftzeichen nacheinander von links nach rechts und von oben nach unten in gesprochene Sprache zurück zu übersetzen. In anderen Kulturen gibt es andere Konventionen: Arabisch und Hebräisch wird von rechts nach links geschrieben und gelesen, Chinesisch, Japanisch oder Koreanisch wiederum wird zunächst von oben nach unten und dann von rechts nach links geschrieben und gelesen. Wie sieht dies bei Bildern aus? Im Falle von Bildern gibt es solche einheitlichen Konventionen nicht. Allerdings finden sich in der abendländischen

Verkehrszeichen enthalten meist nur einige wenige Informationen. Um komplexere Botschaften zu übermitteln, können mehrere Zeichen kombiniert oder auch hintereinandergesetzt werden.

Straße in Paris an einem regnerischen Tag, Gemälde von Gustave Caillebotte, 1877: In dieser impressionistischen Straßenszene gibt der Mann mit Schirm rechts im Vordergrund die Blickrichtung vor.

Bildtradition unterschiedliche Strategien, um eine Leserichtung anzugeben, beispielsweise durch die Wahl einer bestimmten Perspektive: Die Froschperspektive lädt dazu ein, das Bild von unten nach oben zu betrachten. Auch der Blick der sogenannten Repoussoire-Figur – eine Figur, die im Vordergrund eines Gemäldes abgebildet ist, oft mit dem Rücken zum Betrachter – gibt Aufschluss über die Blickrichtung, in der sich das Bild am besten erschließt. Manchmal liefern ebenso kleine Details Hinweise, wie ein Weg, der durch eine Szene führt, oder ein Vogel, der in eine bestimmte Richtung fliegt.

Was die Suche nach einer speziellen Grammatik der Bilder erheblich erschwert, ist die Tatsache, dass die Bedeutung von Bildern völlig anders konstruiert wird als die von Sprache. Kleinste bedeutungsunterscheidende Einheiten, die vergleichbar mit Phonemen oder Graphemen wären, konnten bislang nicht entdeckt werden. Zu unterschiedlich sind die Techniken in den verschiedenen Bildgattungen, angefangen vom Öl- oder Acryl-Gemälde über die Zeichnung, Radierung, den Holzschnitt und den Siebdruck bis zur Lithografie. Zwar finden sich überall ähnliche Gestaltungsmittel wie die Linie,

Nachdenklich, beschämt oder unglücklich? Selbst einfache ikonische Zeichen wie Smileys lassen eine Vielzahl an Deutungen zu.

der Punkt oder die Fläche. Diese übernehmen aber nicht die Funktion einer Bedeutungsunterscheidung, denn ein gezeichneter Hase kann dasselbe bedeuten wie einer, der aus gemalten Flächen besteht. Hinzu kommt die Schwierigkeit, dass Sprache und Bilder, obwohl sie verschieden funktionieren, oft in engen Wechselbeziehungen stehen und einander ergänzen, wie die folgenden Beispiele zeigen.

Seit die Kommunikation verstärkt über Messenger-Dienste abläuft, haben Piktogramme Hochkonjunktur. Piktogramme sind einfache ikonische oder symbolische Darstellungen, die Informationen schneller übermitteln können als ausführliche sprachliche Mitteilungen. Insbesondere die sogenannten Emoticons (zusammengesetzt aus engl. *emotion* und *icon*) beziehungsweise ihre Darstellung in Form grafischer Smileys sollen es ermöglichen, effizienter zu kommunizieren, indem sie mimische und gestische Elemente ersetzen, die im direkten Gespräch oft entscheidend zum gegenseitigen Verständnis beitragen. So kann etwa das kleine Bild eines zwinkernden Gesichts zeigen, dass eine Aussage ironisch gemeint ist. Im internationalen Unicode-Standard stehen insgesamt 1282 solcher Piktogramme zur Verfügung. Inzwischen deuten erste Untersuchungen allerdings darauf hin, dass die Smileys teilweise eher für Missverständnisse als für eine bessere und einfachere Verständigung sorgen. Die Gründe dafür sind vielfältig. Manchmal stellen die Kommunikationsgeräte unterschiedlicher Hersteller die Gesichtsausdrücke mit großen Abweichungen voneinander dar. Ebenso führen die zum Teil bizarren Züge auf den abgebildeten Gesichtern zu uneinheitlichen Deutungen.

Bilder können jedoch nicht nur die Bedeutung von Sprache verändern. Bei der Suche nach einer Grammatik der Bilder zeigte sich auch immer deutlicher, wie sehr die Bedeutung von Bildern von der Sprache abhängen kann. Das veranschaulichen vor allem jene Bilder, die in Nachrichten und Werbung Verwendung finden. Bilder können viel leichter instrumentalisiert werden als sprachliche Botschaften. Ein und dasselbe Bild lässt sich problemlos mit völlig entgegengesetzten Inhalten unterlegen, ohne dass die eine Nachricht glaubwürdiger als die andere ist. Diese

Tatsache zeigt sich besonders in Kriegszeiten. Bilder von Verwundeten und Szenen der Grausamkeit dienen beiden Seiten gleichermaßen zur Begründung ihrer Taten oder zur Verurteilung der Gegenseite. Dabei spielt es keine Rolle, ob Bilder echt oder gefälscht sind. Seit es beispielsweise die Fotografie gibt, kam es hier zu Manipulationen und Inszenierungen. Selbst berühmten Kriegsfotografen wie Robert Capa wurde nachgesagt, Szenen nachgestellt zu haben.

Das Beispiel aus der Fotografie zeigt, dass nicht jedes Bild gleich einem anderen Bild ist. Eine Fotografie unterliegt in der Produktion und Bewertung anderen Prinzipien und einer anderen Logik als ein Gemälde, ein Piktogramm oder eine Landkarte. Eine Fotografie kann sogar, ebenso wie die Spur eines Tieres, als ein indexikalisches Zeichen mit einem äußerst hohen Grad an Echtheit verstanden werden, da hierbei die Spuren des Lichts auf lichtempfindlichen Materialien aufgezeichnet werden. Inwiefern die fotografische Abbildung die Wirklichkeit getreu wiedergibt, ist damit allerdings, wie gesehen, nicht gesagt. Für bestimmte Arten ikonischer Bilder ist gerade die Echtheit oder Korrektheit wiederum von entscheidender

Emblem des Arztes und des Freundes als zweier treuer Helfer des Kranken, mit der Stadtansicht von Würzburg im Hintergrund, Kupferstich aus Daniel Meisners *Thesaurus Philopoliticus*, 1624

FIDUS UTERQUÈ COMES.

Tristitiæ integritate mederi novit amicus,   *At morbo Medicus: fidus uterq; comes.*

Ein trewer Freund, in Trawrigkeit,   Der Artzt abr hilfft dem Krancken fein:
Dem andern lindern kan sein Leid,   Allbeyd getrewe Hilffsleut sein.

106
107
Die Sprache der Zeichen | Bilder als Zeichen
Die Grammatik der Bilder: von Gemälden zu Landkarten

INFO

Embleme – Kunst
mit Sprache und Bild

Innerhalb der Kunstgeschichte wird als Emblem (von
gr. *émblēma*, »Einlegearbeit mit Symbolgehalt«) eine Kunst-
form bezeichnet, die sich aus Texten und Bildern zusammensetzt.
Die Tradition der Embleme geht auf die Renaissance zurück. Angesta-
chelt durch die Wiederentdeckung der ägyptischen Hieroglyphen, entstand
in dieser Zeit der Traum von einer universalen Bilderschrift. Das erste Emblem-
buch wurde 1531 von dem italienischen Humanisten Andrea Alciati veröffentlicht.
Auf dieses folgten viele weitere solcher Bücher. Sie alle bestanden aus Bildern, die
auf den ersten Blick rätselhaft anmuteten, und erläuternden Texten. Die Inhalte waren meist Lebensweisheiten, moralische Verhaltensregeln sowie verschiedene politi-
sche, religiöse oder erotische Themen.
Embleme dieser Art hatten stets drei Bestandteile: das *Lemma*, ein Motto oder
Sinnspruch, der jedem Emblem vorangestellt wurde und wie ein Titel fungierte; das
Ikon, ein oft allegorisches Bild, das ein Motiv aus der Natur, Geschichte, Kunst, Bibel
oder Mythologie zeigte; und die *Subscriptio*, ein erklärender Text, oft ein Epigramm,
der den Sinn des Bilds erklärte oder Hinweise auf die Entschlüsselung gab.
Nicht nur die Emblembücher erfreuten sich seit der Renaissance einer
großen Beliebtheit. Die Emblembilder wurden im höfischen, privaten
und religiösen Kontext auch ganz praktisch als Gestaltungsmittel
verwendet: für Glasfenster, Tapeten, Möbel oder Münzen,
auf Trinkgefäßen und Schwertern, auf Titelblättern
von Büchern oder in Wand- und Decken-
gemälden.

Bedeutung: Landkarten, die zur Orientierung und Lokalisierung dienen, müssen
hinsichtlich der Übereinstimmung von Abbildung und räumlichen Gegebenheiten
den höchsten Ansprüchen genügen. Die enge Verknüpfung von Sprache und Bildern wird hier zudem besonders anschaulich, denn jede Landkarte benötigt eine
Legende, die erläutert, wie das vorliegende Bild zu lesen ist. In ihr findet die Erklä-
rung des Codes statt einschließlich einer Vielzahl von arbiträren Symbolen, die auf
der Karte verwendet werden.

ZEICHEN IN ANDEREN MEDIEN UND KÜNSTEN

Wie wir bereits gesehen haben, lassen sich Begriffe wie »Text«, »Stil« oder »Erzählung« über die Literatur hinaus in vielen verschiedenen Bereichen anwenden: Nicht nur die geschriebene Sprache kann einen Text bilden, sondern auch ein Gespräch kann als ein Text verstanden werden. Nicht nur Texte haben einen Stil, sondern auch Autofahrer. Ebenso wird nicht nur in Romanen, Märchen und Novellen erzählt, sondern auch durch Gestik und Mimik, mit Bildern, im Theater oder im Film. Insofern ist es kaum überraschend, dass schließlich die unterschiedlichsten Medien und Künste mit dem ursprünglich literatursemiotischen Begriffsinstrumentarium untersucht wurden. Entsprechende Zeichen und Zeichenprozesse finden sich dabei nicht nur im Film oder Video, sondern auch in der Architektur, dem Design und der Musik.

Bewegte Bilder: vom Film bis zur Werbung

Das Medium des Films ist aus Sicht der Semiotik deshalb besonders interessant, weil sich hier zahlreiche zeichentheoretische Bereiche überschneiden: Beim Film haben wir es einerseits mit (bewegten) Bildern zu tun, andererseits mit Sprache und Erzählungen. Hinzu tritt die nonverbale Kommunikation durch die Gestik und Mimik der Schauspieler sowie, je nach Film, die Bedeutungsebene der Musik. Filme sind jedoch weit mehr als die Summe dieser einzelnen Bestandteile. Filmische Zeichen erhalten ihre Bedeutung durch spezifische Techniken wie die Montage durch den Schnitt oder die Kamera- und Objektiveinstellungen.

Eine zentrale Rolle bei der Bedeutungserzeugung in Filmen spielt zweifellos die Montage oder der Filmschnitt. Bereits früh sah man darin eine Art Syntax des Films: Ähnlich wie die Syntax der Sprache Sätze strukturiert und ihnen dadurch einen Sinn gibt, stellt der Schnitt beziehungsweise die Montage durch eine bestimmte Anordnung der einzelnen Filmbilder einen Sinnzusammenhang her. Filme aus der Stummfilmära arbeiteten außerdem mit Zwischentiteln, die entweder einen Teil der Handlung erläuterten oder zeigten, was die Figuren im Film sagten. Der russische Regisseur Dsiga Wertow versuchte 1929 in seinem experimentellen Dokumentarfilm *Der Mann mit der Kamera* hingegen allein durch die Montage verschiedener Szenen eine Handlung zu erzählen. Insofern die Dinge in Stummfilmen gewissermaßen selbst zur Sprache kommen, waren zudem viele Filmschaffende dieser Zeit der Meinung, mit dem Film so etwas wie eine Universalsprache zu haben. An der Formulierung einer solchen »Sprache des Films« arbeiteten allerdings nicht nur berühmte Regisseure wie Dsiga Wertow oder Pier Paolo Pasolini, sondern ebenso bedeutende Semiotiker wie Umberto Eco, Roman Jakobson oder Roland Barthes.

INFO

Roland Barthes

Der französische Intellektuelle Roland Barthes (1915–1980) tat sich mit Arbeiten in vielen Fachgebieten hervor. Er war Philosoph, Erzähltheoretiker, Literaturwissenschaftler, Romanist, Theater-, Film- und Kulturkritiker sowie Semiotiker. Zahlreiche seiner Werke wurden zu Klassikern der Semiotik. Sie lieferten unter anderem Beiträge zur Musik-, Text- und Architektursemiotik sowie zur Semiotik der Malerei, Fotografie, Werbung und Mode. Das Ziel seiner angewandten Semiotik war es, die *Mythen des Alltags* – so der Titel des entsprechenden Buchs von 1957 – zu beschreiben und zu analysieren.

Barthes zufolge bestehen Zeichen wie bei Saussure immer aus zwei Teilen: einer Ausdrucksseite und einer Inhaltsseite. Beide Seiten können jedoch erweitert werden. So lässt sich der Inhalt einer Fotografie erweitern, indem etwa die Abbildung von einem hungernden Kind auf die Armut eines ganzen Kontinents verweist. Eine Erweiterung kann ebenso auf der Ausdrucksseite erfolgen, zum Beispiel durch den individuellen Ausdruck der Schauspieler oder die Musik eines Films. Zeichen sind auf diese Weise beliebig erweiterbar und lesbar. Selbst ein Alltagsgegenstand wie ein Kleidungsstück kann nicht nur auf seine Funktion hin untersucht werden, sondern auch hinsichtlich seiner Verweise etwa auf die herrschende Ideologie, die sich darin widerspiegelt.

Auch hinsichtlich der Ausdrucksmöglichkeiten bestehen einige Parallelen zwischen der Sprache und dem Film. So ist der Film unter anderem zu Stilfiguren wie Metonymien (Bedeutungsübertragungen) und Metaphern fähig. Diesen Umstand macht sich vor allem die Werbung zunutze. Häufig werden hierbei bestimmte erstrebenswerte Eigenschaften aus dem Tierreich durch einen bildlichen Vergleich auf die beworbenen Produkte übertragen, etwa die Schnelligkeit des Pferdes oder die Eleganz des Panthers auf ein Automobil. Die Werbung greift insbesondere gern auf Zeichen mit einer starken symbolischen Bedeutung zurück. Zum Beispiel gibt es unzählige Variationen von Werbungen, die auf die biblische Szene der Verführung von Adam durch Eva anspielen. Solche Geschichten haben sich so tief in unser kulturelles Gedächtnis eingeschrieben, dass wir die Bedeutung eines Bildes von einer Frau mit einem Apfel in der Hand sehr schnell decodieren können.

Wie die Beispiele der Werbung zeigen, handelt es sich bei Filmen ähnlich wie bei unbewegten Bildern keineswegs nur um bloße Abbildungen. Zeichentheoretisch haben wir es beim Film genau genommen sowohl mit indexikalischen als auch mit ikonischen sowie mit symbolischen Zeichen zu tun: Indexikalisch sind sie, sofern das Licht eine sichtbare Spur auf lichtempfindlichen Materialien wie Sensoren oder beschichtetem Film hinterlässt. Das Filmbild ist darüber hinaus und in besonderem Maße ikonisch, indem es im Wesentlichen eben Gegenstände, Personen und Sachverhalte abbildet. Filme und die Filmtechnik können zudem aber auch symbolische Zeichen erzeugen, die auf etwas verweisen, das selbst nicht im Bild dargestellt ist: In Stanley Kubricks *2001 – Odyssee im Weltraum* (1968) wechselt einer der berühmtesten Schnitte der Filmgeschichte von einem durch die Luft fliegenden Knochen, der

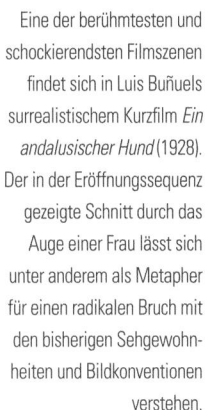

Eine der berühmtesten und schockierendsten Filmszenen findet sich in Luis Buñuels surrealistischem Kurzfilm *Ein andalusischer Hund* (1928). Der in der Eröffnungssequenz gezeigte Schnitt durch das Auge einer Frau lässt sich unter anderem als Metapher für einen radikalen Bruch mit den bisherigen Sehgewohnheiten und Bildkonventionen verstehen.

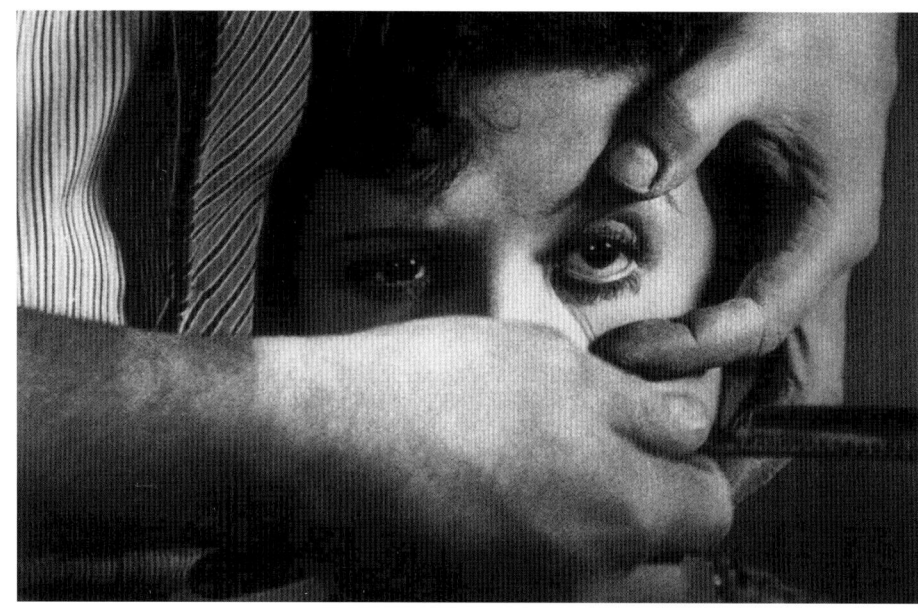

von einem Vormenschen in der afrikanischen Savanne in die Luft geworfen wird, zu einem Raumschiff, das in der fernen Zukunft von der Erde zum Mond fliegt. Die gesamte menschliche Zivilisationsgeschichte findet zwischen diesen beiden aufeinanderfolgenden Filmbildern statt. Der Schnitt sagt aus, dass der Werkzeuggebrauch des Menschen, der mit einem einfachen Knochen begann, letztlich zur ausgefeilten Technologie der Raumfahrt führte. Der Schnitt deutet allerdings noch viel mehr an, denn der Knochen wurde von dem Vormenschen dazu benutzt, einen Artgenossen zu töten – der Werkzeuggebrauch und die technische Entwicklung haben also immer zwei Seiten, sie können zum Guten und zum Bösen eingesetzt werden.

Angesichts der Parallelen zwischen filmischen und sprachlichen Zeichen stellt sich die Frage, ob man mit Filmen eigentlich auch kommunizieren kann. Hier stößt die Sprachähnlichkeit des Films jedoch an ihre Grenzen. Eine Kommunikation ist der Austausch von Informationen zwischen mindestens zwei Gesprächspartnern. Zwar kann man durchaus davon sprechen, dass Filme eine Botschaft haben. Allerdings muss man feststellen, dass die Zuschauer eines Films keine direkte Möglichkeit

Der von Marquis de Sades *Die 120 Tage von Sodom* (1785) inspirierte gleichnamige Film von Pier Pasolini löste in den 1970er-Jahren einen Skandal aus. In dieser Szene sind zwei nackte Jugendliche zu sehen, die bei einem Hochzeitsbankett auf dem Boden sitzend ihre eigenen Exkremente essen müssen.

haben, auf ihn zu antworten. Filme können ihre Zuschauer dazu bringen, etwas zu tun – vielleicht ihr Verhalten zu ändern, wenn sie durch einen Dokumentarfilm von Umweltverschmutzung oder Massentierhaltung erfahren haben –, und man kann auch *über* Filme sprechen. Es ist aber nicht möglich, unter der Verwendung eines filmischen Codes auf einen Film zu antworten. Kinozuschauer im Speziellen können noch weniger reagieren als zum Beispiel Theaterbesucher, die zumindest durch Buhen oder Klatschen Einfluss auf das Geschehen auf der Bühne nehmen können. Die Zuschauer eines Films können lediglich den Kinosaal verlassen, wenn ihnen die Botschaft des Films nicht gefällt – eine Reaktion, die bestimmte Regisseure wie Pasolini, der durch seine grausamen Filmszenen wie in *Salò oder die 120 Tage von Sodom* (1975) berühmt wurde, gezielt zu provozieren versuchte.

Solche Extreme und Grenzüberschreitungen zeugen davon, wie in dem vergleichsweise jungen Medium Film um einen spezifischen Code gerungen wird. Der Film kann auf keine Jahrhunderte währende Tradition zurückblicken. Ähnlich wie sich die Fotografie zu Beginn an der Malerei orientierte, machten Regisseure daher anfangs oft Anleihen bei anderen Kunstformen, und bis heute stellen Literaturverfilmungen oder Filme nach Buchvorlagen einen überproportional großen Teil aller Filme. Das filmische Erzählen hat aber auch bereits eigene Regeln entwickelt. So ist es eine allgemeine Konvention, beim Schnitt der Szenen darauf zu achten, dass der Eindruck eines kontinuierlichen Handlungsverlaufs entsteht. Ein bewusster Bruch dieser Regel erfolgt im sogenannten Jump Cut, der von einer Einstellung zu einer anderen »springt«, wodurch eine Figur zum Beispiel plötzlich in einer anderen Position oder an einem anderen Ort erscheint. Die Etablierung des Jump Cuts als Montagetechnik wird dem französischen Regisseur Jean-Luc Godard nachgesagt, der hierdurch in seinem Film *Außer Atem* (1960) eine lange Autofahrt in geraffter Form darstellen konnte.

Zeichen in Architektur und Design

Der große Erfolg der Hollywood-Maschinerie verdankt sich nicht zuletzt der Konstruktion von täuschend echt wirkenden Szenerien in den Studios. Gebäude und Fassaden gewinnen jedoch nicht nur auf Film gebannt eine Bedeutung. Auch die Architektur selbst lässt sich als Zeichen begreifen. Architektonische Zeichen und Codes ermöglichen es, Bauwerke aller Art als »Sprache« im weitesten Sinne zu verstehen – von der gotischen Kathedrale bis hin zum Ameisenhügel. Die Architektursemiotik betrachtet dabei allerdings weniger ein einzelnes Bauwerk und seine stilistischen Eigenschaften, wie etwa die Kunstgeschichte, sondern deutet es eher im Kontext seiner Umgebung (der Stadt oder der Natur) und in seiner Funktionsweise, das heißt, im Bezug zum Menschen oder seinen sonstigen Nutzern.

Welche Bedeutung können Bauwerke haben? In ihrer ursprünglichsten Form war es der Zweck von Architektur, einen sicheren Wohnraum zu bieten. Diese Funktion allein könnte aber kaum die beeindruckende Vielfalt der Bauwerke erklären, die im Laufe

112
113
Die Sprache der Zeichen | *Zeichen in anderen Medien und Künsten*
Zeichen in Architektur und Design

der Geschichte entstanden sind. Wolkenkratzer wie das Empire State Building wollen zum Beispiel zeigen, zu welchen baulichen Fähigkeiten die Menschen imstande sind oder welchen sozialen Status ihre Bauherren haben. Psychoanalytisch geprägte Architekturkritiker sehen in ihrer strengen vertikalen Ausrichtung sogar ein Symbol (oder einen Ersatz) für die Potenz ihrer Erbauer. Symbolisch höchst bedeutsam sind auch Kirchenbauten. Während etwa die massiven, festungsartigen Kirchbauten des 11. und 12. Jahrhunderts mit ihren vielen runden Elementen die Größe Gottes und die Macht des Christentums versinnbildlichte, zeichneten sich die späteren gotischen Kirchen durch eine grazilere, spitz nach oben zulaufende Erscheinung aus, die das Hinstreben zu Gott symbolisierte. Im »Kirchenschiff« finden wir zudem das Schiff als Symbol für die Kirche wieder und einige Kirchenformen wie die Kreuzbasilika wiederholen in ihrer Grundstruktur die Form eines Kreuzes. Die Ostausrichtung der meisten mittelalterlichen Kirchen hatte schließlich eine doppelte Bedeutung: Zum einen vermutete man im Osten das himmlische Jerusalem und zum anderen verband man mit dem Sonnenaufgang die Auferstehung Christi.

Innenansicht des von Daniel Libeskind entworfenen Holocaust-Turms im Jüdischen Museum Berlin

Doch nicht nur im ganz großen Maßstab finden sich Bedeutungen in der Architektur, die über ihren ursprünglichen Zweck als Wohnraum hinausgehen. Selbst in kleinen Details kann viel Bedeutung stecken. So kann die Form und Größe der Fenster einen mehr oder weniger starken Bezug zur Außenwelt herstellen. Dieses Mittel nutzte beispielsweise der US-amerikanische Architekt Daniel Libeskind bei der Gestaltung des 24 Meter hohen Holocaust-Turms im Jüdischen Museum in Berlin. Nur durch einen kleinen Lichtspalt an der Decke gelangt natürliches Licht in das Innere, wodurch die beklemmende Botschaft dieses Gedenkraums verstärkt wird.

Dass Architektur die Fähigkeit hat, zu kommunizieren, kann man bereits leicht an der Gestaltung des öffentlichen Raums sehen. Abgesenkte Bordsteine auf Gehwegen teilen etwa den Fußgängern mit, dass dort eine geeignete Stelle zum Verlassen des Weges ist. Ein großzügiger offener Raum wie ein Marktplatz sagt wiederum, dass hier viele Menschen zusammenkommen, interagieren oder verweilen können oder dass es hier etwas Besonderes zu sehen gibt. Architektonische Zeichen sind sogar zu komplexen Verweisen wie Zitaten oder Metaphern fähig. Ähnlich wie im Fall der Bilder ist die Bedeutung architektonischer Zeichen allerdings nicht immer klar zu erkennen. Eines der berühmtesten Beispiele, das diese Deutungsoffenheit der Architektur vor Augen führt, ist der Eiffelturm. Über ihn schrieb Roland Barthes in seinem gleichnamigen Essay von 1964:

Über seine spezifische Paris-Aussage hinaus berührt er die allgemeine Vorstellungskraft der Menschen, seine einfache, als Matrize wirkende Form verleiht ihm die Fähigkeit zur unendlichen Chiffre: nacheinander, je nach den Appellen unserer Vorstellungskraft, Symbol für Paris, für die Modernität, für Kommunikation, für Wissenschaft oder für das 19. Jahrhundert, Rakete, Stengel, Bohrturm, Phallus, Blitzableiter oder Insekt, ist er auf den großen Wegen des Traumes das unvermeidliche Zeichen.

Der 324 Meter hohe Eiffelturm beherrscht seit 1889 das Pariser Stadtbild. Bis heute wurde er immer wieder zum Gegenstand unterschiedlichster Deutungsversuche.

Trotz ihrer Mehrdeutigkeit kann die Architektur anders als Bilder ihren Betrachtern, Benutzern und Bewohnern in gewissem Sinne etwas aufzwingen: und zwar ein Verhalten. Der umbaute Raum gibt klare Grenzen vor und will durch seine spezifische Gestaltung bestimmte Reaktionen hervorrufen. Indem die Nutzer von Architekturen diesen Bestimmungen entsprechen, deuten sie durch ihr Verhalten die Zeichen der

Architektur. Indem beispielsweise die Gläubigen einer christlichen Gemeinde eine Kirche zum Gottesdienst nutzen, deuten sie das Gebäude als ein Gotteshaus. Dass dies keine zwingende Deutung von Gebäuden dieser Art ist, zeigt sich unter anderem in den Niederlanden, wo inzwischen auch Supermärkte in Kirchengebäude eingezogen sind.

Was auf große statische Gegenstände wie Bauwerke zutrifft, lässt sich ebenfalls auf kleinere, bewegliche Dinge übertragen: Ähnlich wie architektonische Formen etwas über die Funktion von Gebäuden verraten, kommuniziert das Design der Dinge etwas über ihren Zweck und Gebrauch. Wenn der Zeichencharakter eines Designs untersucht wird, beschrän-

Gebäude können ihre Bedeutung auch ändern: Die ehemalige Leopoldsburger Kirche in Milow bei Brandenburg beherbergt seit 1999 eine Filiale der Sparkasse.

ken sich die Semiotiker jedoch keineswegs nur auf Dinge, die wir »Designerobjekte« nennen würden. Jeder Gegenstand, den Menschen produzieren, wird mehr oder weniger bewusst in einer bestimmten Art und Weise designt. Über seine Grundfunktion des Sitzens hinaus kann etwa das Aussehen, die Form, die Farbe oder das Material eines Stuhls ihm zusätzliche Bedeutung verleihen. Durch seine ästhetische Erscheinung kann er zum Beispiel gezielt an den Stil einer anderen Zeit erinnern. Das Design ist sogar zu ursprünglich rhetorischen Figuren wie der Ironie oder Metapher fähig – so kann der Stuhl aussehen wie ein Tisch, eine Hand oder ein Tier. Nicht zuletzt kann der Stuhl zu einem Teil des sozialen Codes werden und dem Status des Besitzers Ausdruck verleihen.

Das musikalische Zeichen

Unter Semiotikern ist es seit Langem umstritten, ob die Rede von Zeichen im Bereich der Musik, genauer gesagt in der Instrumentalmusik, überhaupt gerechtfertigt ist. Ähnlich wie die Welt der physikalischen Phänomene wird die Welt der Klänge und der Musik von manchen Zeichentheoretikern an der Schwelle zum Nichtsemiotischen verortet. Dennoch gibt es seit langer Zeit ebenso Versuche, das Zeichenhafte in der Musik zu entdecken. Für den griechischen Philosophen Pythagoras, zum Beispiel, spiegelte sich in der Musik die harmonische Ordnung des Kosmos wider.

Einen der Ausgangspunkte für eine Musiksemiotik haben wir bereits kennengelernt: Musik kann in einem abbildenden Verhältnis zur Realität stehen, indem sie Klänge und Geräusche aus der Natur oder der menschlichen Alltagswelt nachahmt. So können die Lautfolgen von Vogelstimmen wie der charakteristische Ruf des Kuckucks auf die jeweiligen Vogelarten referieren. Häufige Motive dieser Art sind auch

Wettereignisse wie das Gewitter, das meist durch Schlaginstrumente imitiert wird. Einen bunten Rundgang durch die Natur und die verschiedenen Wetterlagen bietet beispielsweise Antonio Vivaldis Zyklus *Die vier Jahreszeiten* (1725). Tonmalerische Elemente sind in der europäischen Musik seit dem späten Mittelalter verbreitet und treten bis heute vor allem in der Oper und der Filmmusik auf. Ein bekanntes modernes Beispiel ist Leroy Andersons musikalische Darstellung einer Schreibmaschine, *The Typewriter* (1950), die ihre wohl berühmteste Inszenierung in einem Sketch des Komikers und Schauspielers Jerry Lewis fand. In Hinsicht auf ihre tonmalerischen Aspekte lässt sich die Musik mithin durchaus als ein ikonisches Zeichen verstehen, dessen Bedeutung wie bei Bildern oder Filmen auf einer Ähnlichkeitsbeziehung zu dem verwiesenen Objekt oder Sachverhalt beruht. Die Abbildfunktion der Musik erschöpft sich damit jedoch nicht in der Nachahmung anderer Klänge und Geräusche. Musik kann ebenso Landschaften, Ereignisse oder Handlungsverläufe illustrieren. Eine Hauptfunktion der heutigen westlichen Musik ist es dabei, in Tempo und Klangfarbe menschliche Stimmungen und Gefühle wiederzugeben. Wenngleich die uns bekannte Dur-Moll-Zuordnung eine relativ neue europäische Konvention ist, konnten jüngere Forschungen feststellen, dass etwa schnelle Tonfolgen in Dur dennoch universell als musikalischer Ausdruck von Freude erkannt werden.

Ein weiterer musiksemiotischer Ansatzpunkt besteht in der Betrachtung der musikalischen Notationssysteme. Töne und Rhythmen werden als grafische Zeichen in Notenzeilen notiert, um sie reproduzieren zu können. Als schriftliche Zeichen der Musik sind daher verschiedene Notationssysteme von Musiksemiotikern untersucht worden.

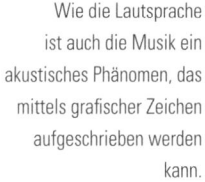

Wie die Lautsprache ist auch die Musik ein akustisches Phänomen, das mittels grafischer Zeichen aufgeschrieben werden kann.

116
117 Zeichen in anderen Medien und Künsten
Die Sprache der Zeichen | Das musikalische Zeichen

Gerade das Vorhandensein eines Schriftbildes, mit dem die Musik festgehalten werden kann, wurde als ein wichtiges Indiz dafür gesehen, dass es sich bei der Musik um eine Art Sprache handelt. In der Tat bestehen zwischen unserer Musik und unserer Sprache wesentliche Gemeinsamkeiten: Bei beiden handelt es sich primär um Phänomene akustischer Natur, die bestimmte Frequenzen, Klangfarben und Rhythmen aufweisen, beide verfügen wie gesehen über eine Schriftform und in beiden Fällen werden einzelne Laute oder Töne nach verschiedenen Regeln zu komplexen Einheiten verknüpft.

Musik und Sprache scheinen damit im Gesang eine geradezu natürliche Verbindung einzugehen. Vieles weist tatsächlich darauf hin, dass der Gesang bereits seit Beginn der Menschheitsgeschichte eine zentrale Rolle spielte – sei es, um Emotionen auszudrücken, höhere Mächte anzurufen oder den sozialen Zusammenhalt zu stärken. Musik kann jedoch nicht nur sprachliche Botschaften begleiten, sie kann auch selbst die Form einer Kommunikation annehmen. In gewissem Sinne lässt sich beispielsweise ein Streichquartett als ein Gespräch zwischen zwei Violinen, einer Viola und einem Cello verstehen. Noch deutlicher als in der notengetreuen Aufführung eines von einem Komponisten erschaffenen und schriftlich festgehaltenen Musikstücks wird der kommunikative Charakter der Musik allerdings in der freien Improvisation. So lebt etwa der Free Jazz zu großen Teilen davon, dass es keine festen Solisten- und Begleiterrollen gibt und alle Musiker wechselweise miteinander interagieren.

Die Analogie zur Sprache und zur Kommunikation legt die Frage nahe, inwiefern musikalische Zeichen eigentlich als Symbole gelten können. Dass Musik

Ornette Coleman, einer der Free-Jazz-Pioniere, auf dem Skopje Jazz Festival 2006: Statt um einen genauen Vortrag eines durchkomponierten Musikstücks geht es im Free Jazz eher um eine musikalische Kommunikation zwischen den Bandmitgliedern.

durchaus eine symbolische Funktion übernehmen kann, zeigt sich insbesondere in der Oper, in der Theater, Musik und Sprache zusammentreffen. Stellen wir uns eine Szene aus William Shakespeares *Romeo und Julia* vor, einem Stoff, der seinen Weg viele Male und in verschiedenen Varianten in die Oper gefunden hat: Die unglücklich verliebte Julia singt eine Arie über ihre Liebe zu ihrem unerreichbaren Liebsten. Das Orchester trägt dabei normalerweise den Gesang, indem es dessen Melodie aufnimmt und je nach Botschaft verschiedentlich ausdifferenziert. Die Musik des Orchesters kann aber im Verlauf der Szene ebenso ein charakteristisches Motiv anklingen lassen, das mit einer anderen Figur wie dem strengen Vater verknüpft ist, um beispielsweise dessen Erscheinen anzukündigen. Dieses kompositorische Gestaltungsmittel wird »Leitmotiv« genannt. Den Zuhörern kann so allein durch die Musik etwa ein Konflikt zwischen Julia und ihrem Vater angedeutet werden, der in der folgenden Szene zutage treten wird. Richard Wagners Schriften sowie

Der *Walkürenritt* auf einem Liebig-Sammelbild, Farblithografie, 1895: Das Leitmotiv aus Richard Wagners Oper *Die Walküre* (UA 1870) wurde dank seiner einprägsamen Fanfarenklänge zu einer der bekanntesten Melodien der Musikgeschichte.

seine Musikdramen und Opern verhalfen der Leitmotivtechnik zum Durchbruch. Sein vierteiliger Opernzyklus *Der Ring des Nibelungen* (UA 1869–1876) arbeitet mit über 100 Leitmotiven wie zum Beispiel dem *Walkürenritt*, die das dramatische Geschehen strukturieren und entscheidend zu seiner Bedeutung beitragen. Berühmt sind auch die Leitmotive aus dem Musikdrama *Tristan und Isolde* (UA 1865). Einmal etabliert, entwickelte sich das Leitmotiv zu einem beliebten Gestaltungsmittel. Der Komponist Max Steiner, ein Schüler von Gustav Mahler und Richard Strauss, führte dieses Kompositionsmittel in die Filmmusik ein. Besonders in der Stummfilmzeit waren Leitmotive hilfreich, da nicht für jeden Film eine

134
135 | Künstliche und formale Zeichensysteme
Die Sprache der Zeichen | Der Code formaler Sprachen

Die Wörter der von dem polnischen Arzt Ludwik Zamenhof konzipierten Welthilfssprache Esperanto leiten sich vor allem aus romanischen und germanischen Sprachen ab. In Deutschland soll es rund 3000 Esperantosprecher geben.

ebenfalls vorab festgelegten Regeln, wie die Zeichen des Zeichenvorrats miteinander kombiniert werden und in welcher Form sie Aussagen produzieren können. Natürliche Sprachen wie das Deutsche oder das Englische haben zwar auch einen Zeichenvorrat und verschiedene Regeln, nach denen mit dem Zeichenvorrat umgegangen werden kann. Der Unterschied zu formalen Sprachen besteht allerdings darin, dass sich die Regeln und die Bedeutung des Zeichenvorrats bei ihnen sich erst im Gebrauch herausbilden. Die Bedeutung von Zeichen der natürlichen Sprache kann sich mit der Zeit also verändern, wohingegen die Bedeutung des Zeichenvorrats einer formalen Sprache in der Regel immer gleich bleibt. Zudem werden Plansprachen im Unterschied zu natürlichen Sprachen zu einem ganz spezifischen Zweck entwickelt. Der Zweck der berühmtesten aller Plansprachen, Esperanto, ist es, eine leicht zu erlernende Verständigungshilfe für alle Völker der Welt zu bieten. Die Regeln für Esperanto wurden erstmals 1887 veröffentlicht und sind in dieser Form bis heute gültig.

Einer der wesentlichen Unterschiede zwischen formalen und natürlichen Sprachen besteht in ihrem Code. Der Code von natürlichen Sprachen ist offen und wandlungsfähig. Dadurch erhalten sie eine Dynamik, die ständige Veränderungen und Anpassungen ermöglicht und hervorbringt. Ebenso wenig wie die Bedeutung des einzelnen Wortes ist damit der Wortbestand natürlicher Sprachen für immer und ewig festgeschrieben. Stets können neue Wörter erfunden werden, um neue Phänomene zu beschreiben. Die Möglichkeiten einer gezielten Einflussnahme sind allerdings begrenzt, wie das folgende Beispiel zeigt: In den 1990er-Jahren wurde versucht, ein Wort in die deutsche Sprache einzuführen, das das Gegenteil zu »durstig« bilden sollte. Bis dahin gab es kein Wort im Deutschen, das zum Ausdruck bringt, dass man keinen Durst mehr hat, weil man bereits genug getrunken hat. Analog zu

»satt« sollte das Wort »sitt« diesen Zustand bezeichnen. Die Tatsache, dass sich diese Wortschöpfung bis heute nicht durchsetzen konnte, macht deutlich, dass es sich bei natürlichen Sprachen um lebendige Systeme handelt, deren Entwicklung schwer gesteuert werden kann. Formale Sprachen wie die Programmiersprachen funktionieren hier grundlegend anders. Ihr Code ist ein geschlossenes System von Zeichen und Regeln oder Befehlen, die außerdem eindeutig sein müssen. Vieldeutige Zeichen, wie sie für natürliche Sprachen charakteristisch sind, würden den Zweck von streng logischen Sprachen beziehungsweise von Programmiersprachen verfehlen.

INFO

Zeichencodierung

Die Geschichte der Zeichencodierung reicht bis in die Antike zurück und ist eng mit der Militärgeschichte verflochten. Zum Beispiel wurde bei Seeschlachten das Licht eines Feuers dazu verwendet, strategische Botschaften von Schiff zu Schiff zu übermitteln. Wie die griechische Mythologie erzählt, habe auch Agamemnon, der Anführer der Griechen im Trojanischen Krieg, mit Feuerzeichen von seinem Schiff aus den Befehl zum Angriff auf Troja gegeben. Trommelzeichen oder Rauchzeichen, die von Indianerstämmen verwendet wurden, stellen eine ähnlich alte Form von Zeichencodierung dar.

Insbesondere die Seefahrt war angesichts der erschwerten Kommunikationsbedingungen auf hoher See auf die Entwicklung eines praktikablen Zeichensystems angewiesen. 1648 führte die britische Marine ein erstes Signalflaggensystem zur grundlegenden Verständigung ein. 1817 wurde ein erstes international verständliches System von Signalflaggen entwickelt, das 1901 schließlich durch ein allgemeingültiges System der Internationalen Seeschifffahrts-Organisation abgelöst wurde.

Die technische Erfindung des Telegrafen führte 1838 zu einer neuen Form der Zeichencodierung – dem Morsecode. Bereits 1870 wurde der ursprünglich von Samuel Morse eingeführte Code durch einen neuen Code ersetzt: Der nach seinem Erfinder Jean Maurice Émile Baudot benannte Baudot-Code war eine digitale Zeichencodierung, die mit einer 5-Bit-Folge arbeitete. Ein Buchstabe bestand aus einer Folge von fünf Signalen, wobei ein einzelnes Signal für eine gedrückte oder eine nicht gedrückte Taste des Eingabegerätes stand. Daraus entwickelte sich der ASCII-Zeichensatz, der bis heute in der Informationstechnik Verwendung findet.

136
137
Die Sprache der Zeichen | Künstliche und formale Zeichensysteme
1010101000011101010: binärer Code, Bits und Bytes

Eines der ältesten Beispiele für eine formale Sprache, die allein auf eindeutigen logischen Gesetzmäßigkeiten beruht, stammt von dem Philosophen, Mathematiker und Logiker Gottlob Frege. Frege entwickelte eine formale Sprache, die er »Begriffssprache« nannte. Der Vorteil dieser Begriffssprache war es, dass sie exakt definierte, wann eine Aussage wahr und wann sie falsch war. Auf dieser Logik bauten in der Folge viele weitere formale Sprachen auf. Auch Konrad Zuse, einer der Pioniere der Computergeschichte, entwickelte Schaltkreise, die auf der Logik einer formalen Sprache basierten, die der Begriffssprache von Frege sehr ähnlich war. Dadurch war er in der Lage, den ersten programmierbaren Computer der Welt zu bauen – den »Zuse Z3« oder kurz »Z3«.

Anlässlich des 75-jährigen Jubiläums seiner Fertigstellung präsentierte das Deutsche Technikmuseum in Berlin 2016 einen Nachbau des Computers Z3 von Konrad Zuse.

1010101000011101010: binärer Code, Bits und Bytes

Das Zeitalter der digitalen Revolution wurde also durch die Entwicklung einer formalen Sprache eingeleitet, die es ermöglichte, elektronische Schaltkreise zu steuern. Diese formale Sprache sollte so einfach und effektiv wie nur möglich sein. Um beispielsweise

Informationen zwischen vernetzten Computern auszutauschen, müssen diese Informationen zunächst in technische, genauer gesagt: digitale, Signale umgewandelt werden. Dazu wird jeder einzelne Buchstabe in ein elektronisches Signal übersetzt. Da ein elektronischer Schaltkreis nur zwei Zustände kennt – entweder es liegt eine elektrische Spannung an oder es liegt keine Spannung an –, wurde für die elektronischen Signale ein entsprechender Zeichenvorrat definiert, der aus zwei Zeichen besteht: 0 und 1. Mit der Kombination von Nullen und Einsen können alle anderen Zeichen codiert werden. Da dieser Code mit nur zwei Zeichen arbeitet, spricht man hierbei von einem »Binärcode«. Das Wort »binär« leitet sich aus dem lateinischen *binarius* ab, was so viel wie »zwei enthaltend« bedeutet. In diesem Fall sind die beiden Werte 0 und 1 gemeint. Die einfachste Einheit, in der beide Werte enthalten sind, hat damit einen Informationsgehalt von einem Bit (Abkürzung von engl. *binary digit*, »zwei Stellen« oder »zwei Ziffern«).

INFO

Binäre Codes

Ein Beispiel für eine binäre Codierung ist der BCD-Code. Die Abkürzung BCD steht für *Binary Coded Decimal*, was so viel bedeutet wie »binär codiertes Dezimalsystem«. Das Dezimalsystem besteht aus den zehn Ziffern von null bis neun. Im BCD-Code werden diese zehn Ziffern durch jeweils vier Bit dargestellt – also durch vier Stellen, die jeweils den Wert 0 oder 1 annehmen können:

Dezimalziffer::	0 1 2 3 4 5 6 7 8 9
Binärer Code (↓):	0 0 0 0 0 0 0 0 1 1
	0 0 0 0 1 1 1 1 0 0
	0 0 1 1 0 0 1 1 0 0
	0 1 0 1 0 1 0 1 0 1

Die Zahlenfolge »123« würde als digitale Information demnach so aussehen: »000100100011«. Mit einem BCD-Code sind zum Beispiel Digitaluhren ausgestattet.

Anstatt der Dezimalziffern lassen sich aber auch das Alphabet, Satzzeichen und jedes beliebige Sonderzeichen im Binärcode darstellen. Der 1963 eingeführte ASCII-Zeichensatz (*American Standard Code for Information Interchange*) entwickelte sich zum Standardzeichensatz im Bereich der Computertechnologie. Er verwendet eine 7-Bit-Codierung, stellt also jedes einzelne Zeichen mit einer siebenstelligen Folge von Nullen und Einsen dar. Insgesamt lassen sich damit 128 Zeichen codieren: das Leerzeichen, das lateinische Alphabet in Groß- und Kleinbuchstaben, die Dezimalziffern sowie diverse Satz- und Sonderzeichen. Die Codierung des Zeichens »A« lautet hier: 1000001. IBM stellte bald darauf einen neuen Zeichensatz vor, der auf einer 8-Bit-Codierung basiert. Der *Extended Binary Coded Decimal Interchange Code*, kurz EBCDIC, baut auf dem einfachen vierstelligen BCD-Code auf und kommt heute vor allem auf Großrechnern zum Einsatz.

138
139
Die Sprache der Zeichen | Künstliche und formale Zeichensysteme
Zeichenprozesse in der Mensch-Maschine-Kommunikation

Auf dem binären Code aufbauend lassen sich viele unterschiedliche Programmiersprachen entwickeln. Sie alle müssen Regeln aufstellen, in welcher Art und Weise Zeichen codiert werden. Zum Beispiel könnte der Buchstabe »A« der Kombination »0000« entsprechen. Es gibt aber keinen zwingenden Grund dafür, das A so zu codieren. Ebenso gut ließe sich diesem Buchstaben die Kombination »01010101« zuweisen. Je mehr Informationen auf diese Weise erzeugt werden, desto mehr Daten entstehen und müssen entweder verarbeitet oder gespeichert werden. Die benötigte Anzahl von Nullen und Einsen, um bestimmte Informationen wie Texte, Bilder oder Videos darzustellen, bestimmt die Größe des Speicherplatzes in Bits beziehungsweise Bytes (eine Folge von acht Bits), der dafür benötigt wird. Die Regeln der formalen Sprachen, nach denen die Informationen verarbeitet werden, nennt man im Falle der Programmiersprachen Algorithmen.

Die Sprache sämtlicher IT-Geräte wie Computer, Tablets oder Smartphones besteht letztlich aus Nullen und Einsen.

Die ersten Programmiersprachen wurden entwickelt, um den Recheneinheiten, den sogenannten Prozessoren, zu sagen, wie sie Informationen verarbeiten müssen. Daraus entwickelten sich immer höhere Programmiersprachen und Systeme, die aufeinander aufbauen. Wenn in diesem Zusammenhang von Betriebssystemen, Programmen oder Apps die Rede ist, dann ist damit nichts anderes gemeint als eine sehr komplexe Kombination aus einem Zeichenvorrat und den dazugehörigen Regeln von formalen Sprachen.

Zeichenprozesse in der Mensch-Maschine-Kommunikation

Insofern Programmiersprachen es erlauben, Maschinen zu »sagen«, was sie tun sollen, könnte man meinen, dass es sich hierbei um einen kommunikativen Akt handelt. Semiotiker fragten sich darum, welche Rolle die Zeichen bei dieser Kommunikation spielen und ob diese Form der Kommunikation mit der menschlichen vergleichbar ist. Schnell stellte man fest, dass die Mechanismen auf der maschinellen Ebene sehr viel einfacher sind als diejenigen der menschlichen Sprache. Die vielen Nullen und Einsen, die bei maschinellen Kommunikationsprozessen übertragen werden, sind letztlich elektronische Signale im Inneren eines Rechners oder eines Smartphones. Aufgrund ihres einfachen Funktionsprinzips wurden Signale, wenn überhaupt, als »primitive« semiotische Phänomene verstanden. Umberto Eco zufolge kommt ihnen keine eigene Bedeutung zu, weshalb bei der Maschine-zu-Maschine-Kommunikation keine Bedeutungen, sondern nur Informationen übermittelt werden. Bedeutungen, wie wir sie von sprachlichen Zeichen kennen, kommen erst wieder ins Spiel, wenn die Signale mithilfe der vielen Programmiersprachen in andere Zeichensysteme wie die natürlichen Sprachen übersetzt werden.

Mann am Morsegerät, Holzstich, um 1860: Auch der Morsecode ist ein Binärcode. Er arbeitet mit Punkten und Strichen, die durch entsprechende elektrische, akustische oder optische Signale übertragen werden können. Am bekanntesten das SOS-Zeichen: ···−−−···.

Die Computersemiotik beschäftigt sich daher nicht ausschließlich mit Zeichen, sondern mit dem gesamten Übertragungsprozess, der Informationen und Datenverarbeitung umfasst. Daten sind dabei nichts anderes als digitale Informationen über Zeichen. Das bedeutet auch, dass Daten lediglich Aussagen über einen mit Zeichen erfassbaren Ausschnitt der Welt machen können. Im technischen Sinne spricht man von Informationen, wenn Zeichen in kleinste Einheiten zerlegt werden, um sie in Form von Signalen zu übermitteln. Man kann sich diesen Vorgang wie die Übersetzung der Sprache in den Morsecode vorstellen. Der Morsecode besteht aus

140
141
Die Sprache der Zeichen | Künstliche und formale Zeichensysteme
Zeichenprozesse in der Mensch-Maschine-Kommunikation

unterschiedlich langen akustischen Signalen, die man beispielsweise über eine Telegrafenleitung übertragen kann. Am anderen Ende der Leitung müssen die akustischen Signale wieder in das Alphabet zurückübersetzt werden, um die Zeichen der ursprünglichen Botschaft sichtbar zu machen.

Wie es in der Kommunikationstheorie um die Übermittlung einer Botschaft von einem Sender zu einem Empfänger geht, beschäftigt sich die Informationstheorie, eine Nachbarwissenschaft der Semiotik, mit der technischen Übertragung einer Nachricht von einem Sender zu einem Empfänger. Im Detail gibt es jedoch wesentliche Unterschiede, wie man leicht an folgendem Fall sehen kann: In der unvollständigen Botschaft »Mach dir keine Sor...« haben die drei Buchstaben »Sor« keine eigenständige Bedeutung. Allerdings haben sie einen Informationswert und lassen sich in technische Signale umwandeln und übermitteln. Anders als ein Mensch, der eine Nachricht empfängt, unterscheidet ein Computer, der Daten verarbeitet, also nicht zwischen bedeutungsvollen und bedeutungslosen Zeichenfolgen – für ihn gibt es lediglich Informationen.

INFO

Signale

Signale stellen für die Semiotik einen Grenzfall dar. Einige Semiotiker wie Umberto Eco zählen sie nicht zu den Zeichen, da sie keine Bedeutung vermitteln könnten. Andere Zeichentheoretiker halten sie zumindest für indexikalische Zeichen, insofern sie auf ihren Verursacher verweisen. Signale können in jedem Fall sowohl in der Natur vorkommen, als auch künstlich, das heißt technisch produziert sein. Ein Beispiel für natürliche Signale ist das Nervensystem des Menschen. Die Funktion der Nervenzellen, die auf Erregungsübertragung spezialisiert sind, besteht in der Weitergabe von chemischen Botenstoffen beziehungsweise elektrischen Impulsen. Technische Signale werden hingegen genutzt, um Informationen von einem Ort zu einem anderen zu transportieren, zum Beispiel mittels Radio- oder Lichtwellen oder elektrischen Spannungen. Unabhängig von dem Inhalt, den sie vermitteln – ob sie also ein Bild, eine Stimme, einen Text oder ein Video übertragen –, kennen Signale nur zwei verschiedene Zustände: Aktivität oder Inaktivität, Erregung oder keine Erregung. Insofern ist es schwierig, hier auf ähnliche Weise von Zeichen mit einer Bedeutung zu sprechen wie bei Bildern, gesprochener Sprache oder Texten. Da Signale andere Zeichen übermitteln, spricht die Informationstheorie bei ihnen von Zeichenträgern oder Medien.

Darin liegt die große Herausforderung im Umgang mit Maschinen. Insbesondere bei der Mensch-Maschine-Kommunikation sind solche Unterschiede zu bedenken. In der menschlichen Kommunikation kommt es oft zu Doppelungen, man sagt etwas Überflüssiges oder macht scheinbar zwecklose Bemerkungen. Maschinen hingegen können nur mit Informationen und eindeutigen Befehlen umgehen. Im Gegensatz zu Menschen sind Maschinen auf Ökonomie getrimmt, sie sollen ressourcen-, zeit- und kostensparend funktionieren. Aufgrund solcher Unterschiede gibt es immer wieder Kritik an der Formulierung, es gebe eine Kommunikation zwischen Mensch und Maschine. Kommunikation sei etwas, so der Einwand, das auf Gegenseitigkeit und Verständnis basiere. Beides sei, so die Kritiker, bei Maschinen (bislang) nicht vorhanden. Doch unabhängig davon, ob wir dabei nun von einer Kommunikation sprechen wollen oder nicht, ist die Interaktion zwischen Menschen und Maschinen in jedem Fall ein semiotischer Prozess, der auf einer (Programmier-)Sprache beruht.

Künstliche Intelligenz

Der Heilige Gral der Computersemiotik ist das Forschungsgebiet zur künstlichen Intelligenz. Der Wunschtraum, der von Wissenschaftlern wie von Programmierern gleichermaßen verfolgt wird, ist es, die Kommunikation zwischen Menschen und Maschinen zu perfektionieren. Die Idee, dass Maschinen oder künstlich erschaffene Wesen den Menschen mit seiner natürlichen Sprache verstehen und seine Befehle befolgen, ist nicht ganz neu. Alte jüdische Mythen erzählen vom Golem, einem Menschen aus Lehm, den weise Gelehrte mithilfe der Sprache zum Leben erweckt haben. Auch die Geschichte von Frankenstein und seinem Monster zählt in die Reihe der menschlichen Schöpfungsfantasien. Mit ihrem

Der Golem der Zukunft? Auf der ersten Robotermesse in Tokyo 2008 schüttelte der von Honda entwickelte humanoide Roboter ASIMO einer Frau die Hand. Er soll einmal als Haushaltshelfer und zur Betreuung älterer Personen eingesetzt werden können.

katastrophalen Ende nimmt die Erzählung von Mary Wollstonecraft Shelley zugleich eine Angst vorweg, die sich heute immer wieder mit der künstlichen Intelligenz verbindet – die Angst, dass sich die vermeintlich intelligenten Wesen irgendwann gegen die Menschen richten.

Wenn man die Fähigkeiten von Sprachassistenten oder Sprachsuchdiensten wie »Siri«, »Cortana« oder »Google Now« betrachtet, scheint der Traum von wahrhaft intelligenten Maschinen in diesen Tagen greifbarer denn je. Im Moment können Computer bereits so programmiert werden, dass sie in einer bestimmten Weise auf Wörter der gesprochenen natürlichen Sprache reagieren. Fragt man die Sprachassistenten einfache Fragen, zum Beispiel »Wie viele Einwohner hat Berlin?«, so kann das Programm Datenbanken wie etwa die Online-Enzyklopädie Wikipedia nach den Wörtern, die in diesem Satz vorkommen, durchsuchen und abwägen, mit welcher Wahrscheinlichkeit die gefragte Information in einem der Artikel enthalten ist. Es ist sogar schon möglich, dass die Sprachassistenten die gesammelten Informationen zu einem Satz der natürlichen Sprache formulieren und diesen mit einer Computerstimme wiedergeben.

Umstritten ist allerdings die Frage, ob es sich hierbei tatsächlich um so etwas wie ein Sprachverständnis handelt. Wie gesehen sind zahlreiche Philosophen und Semiotiker der Ansicht, dass kaum sinnvoll davon gesprochen werden kann, ein Computer oder eine Software verstehe die Bedeutung der Wörter einer Sprache. Andererseits lässt sich fragen, inwiefern es für uns überhaupt einen Unterschied bedeutet, ob das Programm den Sinn der sprachlichen Zeichen versteht, die es verarbeitet, oder ob es lediglich in der richtigen Art darauf reagieren kann. Diese Fragen bringen uns zurück zum Anfang dieses Buches. Der Philosoph Ludwig Wittgenstein behauptete, dass die Sprache letztlich eine Praxis sei – denn ob jemand die Bedeutung eines Wortes verstanden habe, zeige sich nicht an innerlichen Zuständen, sondern daran, wie er es gebraucht. Aus dieser Perspektive könnten wir Computerprogrammen wie den genannten Sprachassistenten also durchaus eine gewisse Sprachkompetenz zuschreiben, solange sie dazu in der Lage sind, auf die Sprache ihrer Nutzer richtig zu reagieren. Das bedeutet jedoch nicht, dass bereits eine eigene Form von Intelligenz oder Bewusstsein geschaffen wurde. Zu solchen höheren Formen der Begabung, wie der Mensch sie besitzt, scheint es nämlich nicht nur zu gehören, Regeln befolgen zu können. Noch entscheidender mag vielleicht die Fähigkeit sein, diese auch einmal zu missachten.

Software, die gesprochene Sprache erkennen und verarbeiten kann, wie der von Apple entwickelte Sprachassistent »Siri«, ermöglicht es uns inzwischen, mit unseren Computern und Smartphones verbal zu kommunizieren.

VOM ZEICHENPROZESS ZUR KULTUR

Im Verlauf dieses Buches haben wir die unterschiedlichsten Zeichen und Zeichenprozesse kennengelernt, von Krankheitszeichen und natürlichen Warnfarben über Sprache, Literatur, Bilder und Musik bis hin zu Geheimschriften und Binärcodes. Für einige Zeichentheoretiker ist das Gebiet der Semiotik damit aber noch längst nicht abgesteckt. Für sie ist auch die Gesamtheit der menschlichen Kultur letztlich nichts anderes als ein semiotisches Phänomen. Dem Zeichensystem der Kultur soll daher das letzte Kapitel gewidmet sein.

Was ist Kultur?

Der Begriff »Kultur« ist äußerst vieldeutig und bis heute Gegenstand zahlreicher Kontroversen. Die große Bandbreite seiner verschiedenen Bedeutungen reicht vom bloßen Gegenbegriff zur Natur über eine verfeinerte, die Sitten einer Gemeinschaft achtende Lebensweise bis hin zu den spezifischen geistigen oder gestalterischen Leistungen einer einzelnen Gemeinschaft oder der Menschheit als Ganzes.

Eine der ältesten Verwendungen des Wortes von Kultur findet sich bei dem römischen Staatsmann und Schriftsteller Cato dem Älteren. In seinem Werk *De agri cultura* (um 150 v. Chr.) schrieb er von der Bebauung und Pflege des Ackerlands und der Haltung der Tiere. Nicht lange darauf übertrug Cicero (106–43 v. Chr.) diesen Begriff auf den menschlichen Geist und sprach analog von einer *cultura animi*, einer Pflege der Seele durch regelmäßige Übung und kontinuierliche Weiterbildung. Der Kultur war damit von Beginn an die Idee der Erziehung und Bildung eingeschrieben.

Seit dem Zeitalter der Aufklärung im 18. Jahrhundert hat sich der Begriff der Kultur zudem eng mit dem Begriff der Tradition verbunden. Das erklärte Ziel der Tradition war nicht allein die Weitergabe von Kultur, sondern vielmehr deren permanente Verfeinerung. In dieser Zeit wurde auch die Idee der Zivilisation als der höchsten

Stufe der Kultur geprägt. Menschen aus anderen Kulturen, die als weniger zivilisiert angesehen wurde, galten als »Barbaren« (von gr. *bárbaros*, ursprünglich »stammelnd, nicht die einheimische Sprache beherrschend«). So wurden aus den Begriffen der Kultur und der Zivilisation Kampfbegriffe, die in Formulierungen wie »Kampf der Kulturen« zum Teil bis heute nachwirken.

Seit der Zeit um 1900 wurde die Kultur zum Gegenstand wissenschaftlicher Auseinandersetzungen. Während sich viele Wissenschaftszweige jedoch nur mit Teilaspekten von Kultur beschäftigten, interessierten sich zeichentheoretische Ansätze stets für die Kultur als Ganzes. Als erster Versuch, die Kultur als Zeichensystem zu erfassen, gilt die dreibändige *Philosophie der symbolischen Formen* (1923–29) des Philosophen Ernst Cassirer. In seinem epochemachenden Hauptwerk, in dem er die Bereiche Sprache, Mythos und Erkenntnis untersuchte, begriff er die Kultur als eine zusammenhängende symbolische Ordnung, die Ausdruck des menschlichen Geistes sei.

Bauern beim Pflügen und Säen, griechische Vasenmalerei, um 525 v. Chr.: Das Wort »Kultur« stammt aus der Landwirtschaft und bezog sich ursprünglich auf die Bebauung des Ackerlands. Später wurde es in der Bedeutung »Pflege des Körpers und Geistes« auch für den Menschen verwendet.

Code und Kultur

Umberto Eco zufolge lässt sich überhaupt nur dann sinnvoll von Zeichenprozessen sprechen, wenn es sich um Vorgänge innerhalb der Kultur handelt. Sein Anspruch war es daher, einen allgemeinen Zeichenbegriff zu entwickeln, mit dem sich alle Bereiche der menschlichen Kultur beschreiben lassen. Was nach Eco in den Bereich des Semiotischen fällt, beschrieb er in seinem Buch *Semiotik. Entwurf einer Theorie der Zeichen* (1975):

Die Semiotik befasst sich mit allem, was man als Zeichen betrachten kann. Ein Zeichen ist alles, was sich als signifizierender Vertreter für etwas anderes auffassen lässt. Dieses andere muss nicht unbedingt existieren oder in dem Augenblick, in dem ein Zeichen für es steht, irgendwo vorhanden sein. Also ist die Semiotik im Grunde die Disziplin, die alles untersucht, was man zum Lügen verwenden kann.

Die Geschichte der Kultivierung und künstlerischen Gestaltung von Naturgegenständen ist fast so alt wie die Menschheit. Ein besonders anschauliches Beispiel dafür ist die japanische Bonsaikunst, bei der Miniaturformen von normalen Bäumen gezüchtet werden.

Wenige Jahre später relativierte Eco diesen Zusatz zwar, weil er feststellen musste, dass die Lüge keine geeignete Kategorie ist, um Zeichen zu charakterisieren. Beispielsweise lässt sich die Körpersprache nicht zum Lügen verwenden. Dennoch ist Ecos Ansatz sehr hilfreich. Er macht deutlich, dass ein Gegenstand oder Sachverhalt nicht von selbst semiotisch oder nicht-semiotisch ist, sondern dass es darauf ankommt, wie wir ihn betrachten oder damit umgehen. Wenn ein Autofahrer sein Auto lediglich benutzt, kann ihm sein Zeichen-charakter zum Beispiel völlig gleichgültig sein. Geht es ihm jedoch um das Prestige, spielt es sehr wohl eine Rolle, ob es sich zum Beispiel um einen Porsche oder um einen Lada handelt. In diesem Fall steht das Auto für etwas anderes, es wird zu einem Zeichen für den Reichtum des Besitzers.

Ecos Ansatz zeigt auch, dass im Prinzip *alles* zu einem Teil der Kultur werden kann, selbst wenn es sich um einen natürlichen Gegenstand handelt. So besteht ein kultivierter Park zwar aus Gegenständen der Natur – Bäume, Sträucher, Gras, Steine oder Tiere –, doch durch ihre bewusste Anordnung, Gestaltung oder Veränderung (durch Züchtung und Domestizierung) werden sie zu einem Teil der menschlichen Kultur. Eine Kuh, wie wir sie heute kennen, ist beispielsweise ein Wesen, das in der von den Menschen unbeeinflussten Natur nicht vorkommen würde. Sie ist das Produkt einer jahrtausendelangen Geschichte der Domestizierung und somit ein Geschöpf der Menschen.

INFO

Umberto Eco

Umberto Eco (1932–2016) war ein italieni-
scher Schriftsteller, Philosoph und Semiotiker. Seine Romane wie *Der Name der Rose*
(1980) und *Das Foucaultsche Pendel* (1988)
wurden zu großen Welterfolgen. Auch seine
literarischen Werke berühren vielfach semiotische Fragestellungen. Eco beschäftigte sich mit
den unterschiedlichsten Themen. Er veröffentlichte
Werke zur mittelalterlichen Ästhetik, zu modernen
Kunst und Avantgarde sowie zur Trivial- und Massen-
kultur. Mit seinem Überraschungserfolg *Das offene
Kunstwerk* (1962), in dem Eco über die Musik und die
Kunst der Moderne schrieb und der ihn international berühmt machte, begann seine wissenschaftliche Karriere. Dem
Wirken Ecos ist es zu verdanken, dass seit den 1960er-Jahren
an den italienischen Universitäten ein Wechsel vom Strukturalismus
zur Semiotik stattfand. 1975 erhielt er die weltweit erste Professur für Semiotik.
Seither arbeitete Eco an einer allgemeinen Theorie des Zeichens, die er auf viele Gebiete
anwendete: die Architektur, Bilder, Musik, den Film, die Literatur und die Ideologie. Sein
Ziel war es, die Semiotik als eine praktische Disziplin zu etablieren. Ecos Zeichenmodell war dabei so universell angelegt, dass es alle möglichen Zeichenprozesse mit
einschließt. Dies sollte es erlauben, schließlich die ganze Kultur des Menschen
anhand seines Umgangs mit Zeichen zu begreifen und zu beschreiben. Sein
gesamtes Schaffen, ob als Semiotiker oder als Romanautor, war, wie
es Eco selbst formulierte, letztlich »ein hartnäckiger Versuch,
die Mechanismen zu verstehen, durch die wir der Welt
um uns herum Bedeutung geben«.

Die Bedeutung eines Gegenstands, Sachverhalts, Ereignisses oder Verhaltens innerhalb der Kultur ist durch verschiedene kulturelle Codes festgelegt. Diese sind ebenso konventionell wie die Codes der sprachlichen Zeichen. So ist es etwa möglich, dass in einem anderen Land oder einer anderen Zeit gerade die Besitzer eines Ladas besonders hoch angesehen sind. Viele kulturelle Zeichen sind an soziale Konventionen gebunden. Das anerkannte Verhalten in einer Kultur ist beispielsweise in Höflichkeitsregeln und der sogenannten Etikette codiert, der soziale Status und die Gruppenzugehörigkeit beruhen unter anderem auf Kleidercodes und der Wahl eines bestimmten Sprachstils und so weiter. Wie die Codes der Sprache lassen sich die kulturellen Codes damit auch als Regeln und Vorschriften verstehen. Allerdings unterscheiden sich die kulturellen Codes von sprachlichen, wenn es um Regelverstöße geht. Je nachdem, in welchem Bereich einer Gesellschaft der kulturelle Code gebrochen wird, kommt es zu mehr oder minder harten Bestrafungen. Wer sich bei einer wissenschaftlichen Konferenz nicht an die implizit geltende Kleiderordnung hält und in einem Jogginganzug erscheint, wird möglicherweise nicht ernst genommen. Ebenso bleibt einem Mann ohne Krawatte und Sakko in unserem Kulturkreis der Zugang zu bestimmten Restaurants verwehrt. Einige kulturelle Codes können schließlich zu Gesetzen einer Gesellschaft werden, auf deren Übertreten Geld- oder Haftstrafen stehen. Großen Einfluss auf die kulturellen Codes haben oft religiöse Sitten und Gebräuche, die in vielen Kulturen streng befolgt werden, ohne dass es einen weltlichen Gesetzgeber oder Gerichte gäbe, die einen Regelbruch ahnden. Hierzu gehört zum Beispiel das Verbot von bestimmten Nahrungsmitteln oder Zubereitungsarten.

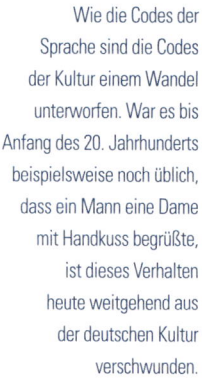

Wie die Codes der Sprache sind die Codes der Kultur einem Wandel unterworfen. War es bis Anfang des 20. Jahrhunderts beispielsweise noch üblich, dass ein Mann eine Dame mit Handkuss begrüßte, ist dieses Verhalten heute weitgehend aus der deutschen Kultur verschwunden.

148
149
Die Sprache der Zeichen | *Vom Zeichenprozess zur Kultur*
Kultur als semiotischer Raum

Alle diese Codes dienen den Angehörigen einer Kulturgemeinschaft zur Orientierung und Verständigung. Sie regeln jedoch nicht nur das Leben und Zusammenleben der Menschen. Indem sie den verschiedenen Objekten und Vorgängen in einer Kultur ihre Bedeutung verleihen, tragen sie entscheidend zur Identität der Kultur bei.

Kultur als semiotischer Raum

Betrachten wir die Kultur als ein umfassendes System, lassen sich grob drei wesentliche Bestandteile ausmachen: Erstens gehört dazu eine aus einer Menge von Individuen bestehende Gesellschaft mit ihren Teilsystemen wie Religion, Wirtschaft, staatliche Institutionen und so weiter. Zweitens weist eine Kultur Artefakte auf (von lat. *ars*, »Kunst«, und *factum*, »das Gemachte«), also Gegenstände wie zum Beispiel Waren – von der Plastikgabel bis zum Flugzeug –, Kunstobjekte oder Gebäude. Artefakte müssen aber nicht zwangsläufig gegenständlicher Natur sein. Hierzu zählen ebenso Lieder oder Legenden, die nur mündlich tradiert werden. Drittens sind Kulturen von mentalen Vorstellungen, Konzepten und Begriffen geprägt, die selbst nicht als Artefakte existieren (können), wie etwa die Ideen von Gott, Elfen oder Einhörnern oder die Begriffe der Vernunft, der Gerechtigkeit und Ähnliches. Da alle mentalen Vorstellungen auf irgendeine Art geäußert werden müssen, um für andere zugänglich zu werden, sich also gewissermaßen in Artefakten manifestieren, können sie zumindest in Form von Texten oder Bildern wiederum semiotisch analysiert werden.

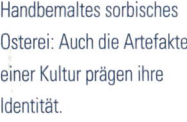

Ein zeichentheoretisches Modell der Kultur als System haben Juri Lotman und andere Vertreter der sogenannten sowjetischen Semiotik entworfen. Das Modell der Kultur versteht Lotman als eine Art Raummodell. Die Raummetapher ermöglicht dabei zunächst einmal die Unterscheidung zwischen innen und außen, also zwischen dem, was zur Kultur gehört, und dem, was nicht zur Kultur gehört. Der Raum der Kultur hat zugleich ein Zentrum und eine Peripherie. Alles was sich im Zentrum einer Kultur befindet, gilt als besonders wichtig, und was am Rand liegt, als weniger bedeutend. Dieses Raummodell ist allerdings dynamisch gedacht: Alles was am Rand ist, hat prinzipiell die Möglichkeit, einmal ins Zentrum zu gelangen, und umgekehrt. Eine Kultur, die wie das Abendland lange die Religion in ihrem Zentrum hatte, kann sich etwa so verändern, dass die Religion nur noch am Rande eine Rolle spielt, während die Wissenschaft ins Zentrum der Kultur gerückt ist. Diesen »Raum« einer Kultur bezeichnete Lotman in Analogie zur Biosphäre auch als »Semiosphäre« (von lat. *sphaera*, »Kugel« oder »Himmelskugel«). Er verstand darunter eine Art semiotisches Kontinuum, das die Bedeutung gebende Grundlage der konkreten Zeichenprozesse in einer bestimmten Kultur bildet. Die einzelnen Zeichen einer Kultur stehen nicht für sich allein, sondern sind stets eingebettet in einen umfassenden semiotischen Raum, der alle Zeichenprozesse dieser Kultur und die an ihnen beteiligten Akteure verbindet.

Handbemaltes sorbisches Osterei: Auch die Artefakte einer Kultur prägen ihre Identität.

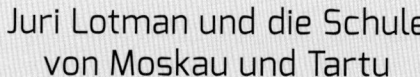

Juri Lotman und die Schule von Moskau und Tartu

Juri Michailowitsch Lotman (1922–1993) war ein russischer Literatur-, Film- und Kultursemiotiker. Er war ein Mitbegründer und Hauptvertreter der Schule von Moskau und Tartu (heute in Estland), die für eine Richtung der Semiotik, die sogenannte sowjetische Semiotik, stand. Die sowjetischen Semiotiker interessierten sich für Zeichenprozesse in den Bereichen Linguistik, Film, Poetik, Geschichte und vor allem der Kultur im Allgemeinen.

Kennzeichnend für die Schule von Moskau und Tartu ist die Auffassung von der Arbitrarität der Zeichen, eine dualistischen Zeichenkonzeption von Zeichen und Bezeichnetem sowie ein erweitertes Verständnis von Text. Das Zeichenverständnis übernehmen die Vertreter dieser Schule von Ferdinand de Saussure, ohne sich allerdings weiter mit seinen Schriften zu beschäftigen. Texte liegen ihnen zufolge nicht nur als geschriebene oder gesprochene Sprache vor, sondern können ebenso als Bild, als Handlung, als Musik oder als Architektur erscheinen. Als Kultur wird jener umfassende Mechanismus verstanden, der diese Texte hervorbringt. Gleichzeitig ist eine Kultur die Summe aller Texte, die sie hervorbringt. Lotmans wichtigste theoretische Beiträge bestehen in der Entwicklung eines semiotischen Raummodells, seinen Überlegungen zum kulturellen Gedächtnis sowie zur Dynamik kultureller Innovation. Seine zentrale These besagt, dass eine Kultur aus hierarchisch organisierten semiotischen Zeichensystemen besteht, die miteinander konkurrieren.

Zunächst untersuchten viele der sowjetischen Semiotiker literarische Texte und die Sprache. Doch schon bald erweiterten sie ihr Verständnis von Texten und übertrugen es auf materielle Gegenstände und Artefakte. Schließlich stellten sie fest, dass sich selbst die Gesellschaft und ihre Institutionen als Texte begreifen lassen, und beschrieben schließlich auch die Kultur im Ganzen als Text. In der gemeinsam mit anderen Semiotikern veröffentlichten Schrift *Theses on the Semiotic Study of Cultures* (1975) fasste Lotman dies in der einfachen und herausfordernden These zusammen:

150
151
Die Sprache der Zeichen | Vom Zeichenprozess zur Kultur
Kultur als semiotischer Raum

Kultur lässt sich auffassen als eine Hierarchie von Zeichensystemen, als Gesamtheit der Texte und ihrer Funktionen, oder als ein Mechanismus, der diese Texte hervorbringt.

Überträgt man das Textverständnis auf das Raummodell, so werden im Zentrum der Kultur die bestimmenden Texte und Werte festgeschrieben. Betrachten wir beispielsweise die jüdisch-christliche Kultur in Europa, sehen wir, dass im Zentrum dieser Kultur vor allem das Alte und Neue Testament der Bibel als prägende Texte stehen, aber ebenso Gesetzestexte, die aus dem römischen Recht übernommen wurden, wie der *Codex Iustinianus* des römischen Kaisers Justinian. Die vorherrschenden identitätsstiftenden Werte wurden lange bestimmt durch den Dekalog, den christlichen Wert der Nächstenliebe, der in den Geschichten des Neuen Testaments beschrieben wird, und später durch die Vorstellung von allgemeingültigen Menschenrechten.

Je mehr man sich an den Rand der Kultur begibt, desto mehr herrscht jedoch Unordnung. Am Rand einer Kultur kann es Menschen geben, die sich mit Texten identifizieren, die sich nicht im Zentrum der Kultur befinden, beispielsweise weil sie gerade erst neu entstanden sind. So fing etwa um 1774 eine Gruppe von Menschen in Deutschland an, sich mit Goethes tragischer Erzählung *Die Leiden des jungen Werther* zu identifizieren. Mit einem Mal litten sie an unglücklicher Liebe und manche von ihnen nahmen sich sogar wie der Protagonist das Leben. Die verschiedenen Texte einer Kultur und die darin zum Ausdruck kommenden Werte müssen also nicht zwangsläufig im Einklang mit dem stehen, was die Kultur in ihrem Zentrum ausmacht. Lotman sieht

Moses bringt dem Volk Israel die neuen Gesetzestafeln, unbekannter französischer Maler, 19. Jh.: Viele der Zehn Gebote, die Moses von Gott erhalten haben soll, stellen noch heute zentrale moralische Werte westlicher Kulturen dar.

in dieser Unordnung am Rand einer Kultur allerdings keineswegs etwas, das den Bestand der Kultur gefährden würde, sondern vielmehr einen Ort der Kreativität und der Innovationen. Nur hier kann Neues entstehen, das wiederum zurück ins Zentrum wirken und dort vielleicht zu einem neuen zentralen Wert werden kann. Zur Zeit Galileo Galileis dominierten zum Beispiel die Vorstellungen der Kirche und damit verbunden das geozentrische Weltbild das Zentrum der Kultur, wohingegen Galilei, der mit seinen Forschungen diesen Vorstellungen widersprach, am Rand der Kultur stand. Seine Ansichten waren aber überaus innovativ und wenige Hundert Jahre später befanden sie sich im Zentrum der mittlerweile entstandenen Wissenschaftskultur.

In diesen Bewegungen zwischen der Peripherie und dem Zentrum einer Kultur erkannte Lotman einen grundlegenden Mechanismus, der für alle Kulturen charakteristisch ist. Es gibt mehrere solcher Bewegungen, die auch als Grenzverschiebungen bezeichnet werden können. So kann es zu einer Verschiebung zwischen dem Bereich, der außerhalb der Kultur liegt, und der Kultur selbst kommen. Ein solcher Fall liegt etwa vor, wenn neue Entdeckungen wie die einer neuen Strahlung oder eines neuen Kontinents gemacht werden. Im Anschluss an eine derartige Entdeckung können die Mitglieder einer Kultur schließlich »verhandeln«, ob dieses Neue ein Teil der Kultur wird oder nicht. Die Errungenschaften in der Gentechnologie und der damit verbundene Diskurs innerhalb der deutschen Gesellschaft sind hierfür ein anschauliches Beispiel.

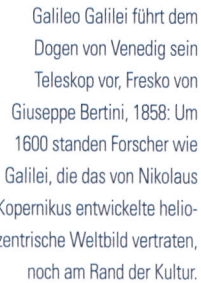

Galileo Galilei führt dem Dogen von Venedig sein Teleskop vor, Fresko von Giuseppe Bertini, 1858: Um 1600 standen Forscher wie Galilei, die das von Nikolaus Kopernikus entwickelte heliozentrische Weltbild vertraten, noch am Rand der Kultur.

INFO

Kultur als Raum

Juri Lotman und andere Zeichentheoretiker der sowjetischen Semiotik beschreiben die
Kultur als ein Raummodell. Dabei lassen sich verschiedene Ebenen unterscheiden: Das Außerkulturelle umfasst
alles, was den Mitgliedern einer Kulturgemeinschaft nicht bekannt
ist. Das Nichtkulturelle ist dasjenige, was den Mitgliedern einer Gesellschaft zwar bekannt ist, was sie jedoch nicht zur (eigenen) Kultur rechnen. Das Nichtkulturelle kann die Natur sein oder auch eine andere Kultur,
von der sich eine Kultur abgrenzen will. Generell kann den sowjetischen Semiotikern zufolge eine Kultur stets nur im Gegensatz zu etwas, das selbst als
Nichtkultur definiert wird, als Kultur verstanden werden. Eine weitere Ebene
ist die kulturelle Peripherie oder der Rand der Kultur. Darunter fällt all jenes,
was zwar zu einer Kultur gehört, allerdings nicht als zentral erachtet wird.
Das Zentrum der Kultur ist im Vergleich dazu der Kern, der einer Kultur
ihre Identität verleiht. Alle wichtigen Werte und Güter einer Kultur sind
in ihrem Zentrum verortet. Angesichts ihrer Gegensätzlichkeit zum
Außerkulturellen oder Nichtkulturellen könnte man aber ebenso sagen: Jede Kultur definiert sich über ihre Grenzen.
Erst die Abgrenzung zu etwas anderem ermöglicht
es einer Kultur, ihre eigene Identität zu
bestimmen.

Ferner gibt es, wie gesehen, Bewegungen vom Zentrum der Kultur an die Peripherie
oder umgekehrt von der Peripherie ins Zentrum. Die Säkularisation, also die Entmach-
tung und Enteignung der Kirchen in der Zeit Napoleons, setzte beispielsweise einen
Prozess in Gang, bei dem die Kirche aus dem Zentrum der Kultur an die Peripherie ge-
drängt wurde. Zu guter Letzt kann eine Kultur sogar bestimmte Artefakte wie den Müll
zu etwas Bedeutungslosem erklären und ganz aus dem Bereich der Kultur ausklam-
mern. Generell lässt sich mit diesem Modell der Kultur gut das Phänomen der Umweltverschmutzung erklären. Solange die Umwelt und die Natur nicht als Bestandteile der
Kultur verstanden oder zu ihren Werten gezählt werden, ist die Umweltverschmutzung
kein Geschehen, das von Bedeutung wäre. Folgen wir Lotmans dynamischem Raummodell, ist es allerdings auch möglich, dass der Umweltschutz mit der Zeit vom Rand
einer Kultur bis in ihr Zentrum vordringt.

- In der Antike ist die Semiotik ist noch keine eigenständige Disziplin. Dennoch finden sich bei zahlreichen Autoren Überlegungen zur Natur der Zeichen und ihren Bedeutungen. Zeichentheoretische Ansätze finden sich insbesondere in der Philosophie der Erkenntnis, aber auch in philosophischen Schriften zur Logik, Rhetorik, Ästhetik und Poetik.

- Das Werk von Platon (427–347 v. Chr.) ist eines der wichtigsten Beispiele für eine Zeichentheorie innerhalb der antiken griechischen Philosophie. Platon konzentrierte sich auf die sprachlichen Zeichen und ging vor allem der Frage nach, ob die Namen der Dinge ihnen natürlich zugehören oder auf menschlichen Konventionen beruhen.

- Aristoteles (384–322 v. Chr.) ist der zweite wichtige Denker der antiken Philosophie, dessen Werk viele Ansätze zu einer Theorie der Zeichen enthält. Aristoteles befasste sich ebenfalls in erster Linie mit der Sprache und unterschied dabei vier Elemente, die jeweils in einer Zeichenbeziehung zueinander stehen: die Laute, die Schrift, die Vorstellungen und die realen Dinge. Die Interpretation von Zeichen verstand Aristoteles als einen Vorgang von logischen Schlussfolgerungen.

- Eine der wichtigsten philosophischen Schulen der Antike ist die Stoa, die durch Zenon von Kition (um 333–262 v. Chr.) und Chrysippos aus Soloi (um 277–204 v. Chr.) begründet wurde. Im Rahmen ihrer logischen Untersuchungen entwickelten sie eine erste Theorie der Zeichen. Demnach ist ein sprachliches Zeichen einerseits mit einer immateriellen Bedeutung verknüpft, andererseits mit einem Gegenstand der materiellen Welt.

- Gleichfalls von großer Bedeutung ist die auf Epikur (341–271 v. Chr.) zurückgehende Schule der Epikureer. Eine zentrale Rolle in ihrer Naturphilosophie spielte der von Leukipp und Demokrit im 5. Jahrhundert v. Chr. begründete Atomismus, wonach alle Dinge der Welt aus einer Vielzahl kleinster unveränderlicher Teilchen bestehen. Auch ein Zeichen besteht ihnen zufolge aus Atomen. Diese hinterlassen im menschlichen Geist einen Sinneseindruck, welcher als Inhalt des Zeichens verstanden wird.

- Augustinus (354–430) steht an der Schwelle zwischen spätantiker Philosophie und christlichem Mittelalter. Von den Epikureern übernahm Augustinus die Vorstellung vom Zeichen als einem Sinneseindruck im menschlichen Geist. Vielen gilt Augustinus als erster Semiotiker, da er nicht nur die Sprache des Menschen als Zeichen begreift, sondern ebenso nonverbale Zeichen wie in der Sprache der Tiere berücksichtigt.

500–1600

- Im Mittelalter wird die antike Philosophie zum Teil fort-geführt und weiterentwickelt. Die mittelalterliche Scho-lastik stützte sich unter anderem auf die Schriften von Aristoteles und die darin entwickelte Logik. Eine weitere Grundlage des mittelalterlichen Zeichenverständnisses bildete die von Augustinus stammende Formel aliquid stat pro aliquo: »Etwas steht für etwas anderes.«

- Neben der auf die antike Philosophie zurückgreifenden Tradition gibt es im Mittelalter theologische Überlegun-gen zur Zeichentheorie, die stark durch die christliche Religion geprägt sind. Insbesondere die mittelalterliche Mystik hinterließ Spuren bei vielen Denkern und Autoren. Der Mystik erscheint die ganze Welt als Zeichen, die es nur richtig zu deuten gilt.

- Thomas von Aquin (1225–1274) übernimmt die antike Vorstellung, nach der sich ein Zeichen einerseits auf eine Sache bezieht und andererseits mit einer Vorstellung verbunden ist. Da Gott der Schöpfer der Natur ist, stellt die gesamte Natur für Thomas letztlich ein Zeichen dar, das von einem göttlichen Zeichengeber stammt.

- Eine ähnlich universelle Sicht auf die Zeichen findet sich in den grammatischen Traktaten des Modismus. Die mo-distische Tradition ist eine Strömung der Spätscholastik, die auf die griechische und römische Antike zurückgeht. Sie geht davon aus, dass die Grammatiken aller Spra-chen im Grunde gleich sind und lediglich Variationen ei-ner ursprünglichen Grammatik darstellen. Zeichen sind grundsätzlich durch eine bildliche Ähnlichkeit zu den Din-gen in der Welt, die sie bezeichnen, charakterisiert.

- Eine Besonderheit stellt die iberische Renaissance dar. Auf dem Gebiet des heutigen Spaniens beziehungsweise Portugals entstanden Zeichentheorien, die den moder-nen Entwürfen der Semiotik erstaunlich ähnlich sind. João Poinsot (1589–1644), der sich in Anlehnung an Thomas von Aquin auch Johannes a Sancto Thoma nannte, veröf-fentlichte 1632 seinen *Tractatus de Signis* (»Abhandlung über die Zeichen«). Darin beschreibt er die Zeichen sowohl als kognitive Phänomene wie als Instrumente der Kom-munikation.

1600–1900

- Im Zuge der Aufklärung in Deutschland, Frankreich und England knüpfen viele Denker weniger eng an die Traditionen der Antike, der Scholastik und der Renaissance an, sondern begreifen die Arbeit an einer Theorie der Zeichen als ein neues wissenschaftliches Projekt.

- Eine zentrale Position in der Geschichte der Semiotik nimmt Gottfried Wilhelm Leibniz (1646–1716) ein. Er hinterließ zahlreiche Entwürfe und Konzepte zu einer Theorie der Zeichen. Als wesentliches Merkmal des Zeichens erkannte auch Leibniz den Verweischarakter. Die Schrift stellte für ihn ein sekundäres Zeichensystem dar, das für die Gedanken und die Lautsprache steht. Zur Schrift zählte er ebenfalls die Hieroglyphen und die Noten.

- Der Ansatz des englischen Philosophen Thomas Hobbes (1588–1679) ist durch die Hinwendung zur »empirischen«, also sinnlich erfahrbaren Welt gekennzeichnet. Die Mechanismen der physischen Welt übertrug Hobbes auf die geistige Welt. Mentale Konzepte verstand er analog zu den Phänomenen der sinnlichen Welt. Zeichen sind demnach die Reaktion der Nervenbahnen im Gehirn auf Ereignisse in der Welt.

- Auch der englische Philosoph John Locke (1632–1704), der als Begründer des Empirismus gilt, ist für die Geschichte der Semiotik von Bedeutung. In seinem *Versuch über den menschlichen Verstand* (1690) entdecken einige Semiotiker die erste eigenständige Zeichentheorie. Da sich Locke jedoch ebenfalls ausschließlich mit den sprachlichen Zeichen beschäftigte, kann seine Untersuchung noch nicht als eine allgemeine Zeichentheorie gelten.

- Die Aufklärung in Frankreich brachte die ersten großen Enzyklopädien hervor. Dieses versammelte Wissen von

der Welt führte Denker wie Denis Diderot (1713–1784) oder Étienne Bonnot de Condillac (1714–1780) zu der Überzeugung, dass Mimik, Gestik und Gemälde ebenfalls als Zeichen begriffen werden müssen und auch die Kommunikation von Tieren bedacht werden muss.

- Der deutsche Aufklärer Johann Heinrich Lambert (1728–1777) entwickelte in seinem Werk *Neues Organon oder Gedanken über die Erforschung und Bezeichnung des Wahren und dessen Unterscheidung von Irrtum und Schein* (1764) schließlich die erste Zeichenlehre unter dem Begriff »Semiotik«. Seine »Lehre von der Bezeichnung der Gedanken und Dinge« beschäftigte sich explizit nicht nur mit sprachlichen Zeichen. Lambert zählte ebenso Noten zu den Zeichen wie gestische oder astrologische Phänomene.

- Im Umkreis der deutschen Romantik befassten sich Dichter wie Novalis (1772–1801) und Denker wie Johann Gottlieb Fichte (1762–1814) oder Friedrich Schleiermacher (1768–1834) vor allem mit Symbolen und Bildern. Sie fragten speziell nach der Wirkung dieser bildhaften Zeichen im menschlichen Geist beziehungsweise in der Fantasie.

- In seinen sprachwissenschaftlichen Untersuchungen ging der Gelehrte Wilhelm von Humboldt (1767–1835) der Frage nach, inwiefern die Sprache das Denken und das Handeln der Menschen beeinflusst.

- Von großer Bedeutung für eine allgemeine Theorie von den Zeichen ist nicht zuletzt das Werk des Philosophen Bernard Bolzano (1781–1848). Mentale Vorstellungen existieren laut Bolzano nicht unabhängig von Zeichen, sondern bestehen aus ihnen. In seinen Schriften unterscheidet und beschreibt er eine Vielzahl von Zeichentypen samt ihrer Funktionen.

1900–heute

- Im 20. Jahrhundert erlebte die moderne Semiotik ihre Grundlegung. Wenngleich sie bis heute nicht als eigenständige wissenschaftliche Disziplin gilt, haben sich doch viele verschiedene Strömungen sowie eine breite Palette an Teilbereichen herausgebildet, von der Text- und Literatursemiotik über die Ökosemiotik bis zur Gendersemiotik.

- Als einer der Begründer der modernen Semiotik gilt der amerikanische Philosoph Charles Sanders Peirce (1839–1914). Auf ihn geht unter anderem die bis heute gebräuchliche Unterscheidung zwischen indexikalischen Zeichen, ikonischen Zeichen und symbolischen Zeichen zurück.

- Der zweite zentrale Gründervater der modernen Semiotik ist der Indogermanist Ferdinand de Saussure (1857–1913). Mit seinen *Grundfragen der allgemeinen Sprachwissenschaft* (1916), in denen er die Basis für eine allgemeine Theorie der sprachlichen Zeichen zu schaffen versuchte, hat er die Sprachwissenschaft und Sprachphilosophie entscheidend mitgeprägt.

- Dem Philosophen, Logiker und Mathematiker Gottlob Frege (1848–1925) verdankt die Semiotik viele Beiträge zu der Frage nach der Bedeutung der Zeichen. In der Sprachphilosophie gilt er mit seinen Arbeiten zum »Begriff« als eine zentrale Figur. Er untersuchte Begriffe und die Sprache als Ganzes nach ihren logischen Grundlagen.

- Das heutige Standardmodell des sogenannten semiotischen Dreiecks entwarfen die englischen Sprachwissenschaftler Charles Ogden (1889–1957) und Ivor Richards (1893–1979) in ihrem Buch *The Meaning of Meaning* (1923). Das dreistellige Zeichenmodell verbindet das sprachliche Zeichen über die Vorstellung mit dem bezeichneten Objekt.

- Auch das Werk des Philosophen Ludwig Wittgenstein (1889–1951) befasst sich intensiv mit dem Wesen der Sprache. Besonders wirkungsreich waren seine *Philosophischen Untersuchungen* (1953) über die verschiedenen Funktionen von Sprache und ihren Bezug zur menschlichen Lebenspraxis.

- Weitere bedeutende Beiträge zur modernen Semiotik stammen unter anderem von: Edmund Husserl, Ernst Cassirer, Martin Heidegger, Sigmund Freud, Jacques Lacan, Claude Lévi-Strauss, Jacques Derrida, Max Bense, Thomas A. Sebeok, Louis Hjelmslev, Charles William Morris, Karl Bühler, Roman Jakobson, Juri Lotman, Julia Kristeva und Umberto Eco.

LITERATUREMPFEHLUNGEN

Überblickswerke und Einführungen

- Aleida Assmann: *Im Dickicht der Zeichen*, Berlin 2015.
- Markus Caspers: *Zeichen der Zeit. Eine Einführung in die Semiotik*, Köln 2013.
- Umberto Eco: *Einführung in die Semiotik*, München 2002.
- Martin Krampen u. a. (Hg.): *Die Welt als Zeichen. Klassiker der modernen Semiotik*, Berlin 1981.
- Charles W. Morris: *Grundlagen der Zeichentheorie, Ästhetik der Zeichentheorie*, Frankfurt a. M. 1988.
- Winfried Nöth: *Handbuch der Semiotik*, 2., vollständig neu bearbeitete und erweiterte Auflage, Stuttgart 2000.
- Klaus Oehler: *Charles Sanders Peirce*, München 1993.
- Thomas A. Sebeok: *Theorie und Geschichte der Semiotik*, Reinbek bei Hamburg 1979.
- Jürgen Trabant: *Elemente der Semiotik*, Tübingen 1996.

Klassiker der Semiotik

- Roland Barthes: *Mythen des Alltags*, 3. Auflage, Berlin 2015.
- Max Bense: *Semiotik. Allgemeine Theorie der Zeichen*, Baden-Baden 1967.
- Jacques Derrida: *Grammatologie*, 12. Auflage, Frankfurt a. M. 2013.
- Vilém Flusser: *Die Schrift*, 5. Auflage, Göttingen 2002.
- Louis Hjelmslev: *Prolegomena zu einer Sprachtheorie*, München 1974.
- Roman Jakobson: *Semiotik. Ausgewählte Texte 1919–1982*, Nachdruck, Frankfurt a. M. 1992.
- Julia Kristeva: *Die Revolution der poetischen Sprache*, Frankfurt a. M. 1978.
- Charles S. Peirce: *Phänomen und Logik der Zeichen*, 3. Auflage, Frankfurt a. M. 1998.
- Ferdinand de Saussure: *Grundfragen der allgemeinen Sprachwissenschaft*, 3. Auflage, Berlin 2001.

Einzeluntersuchungen

- Rudolf Arnheim: *Film als Kunst*, Neuauflage, Suhrkamp 2002.
- Roland Barthes: *Der Eiffelturm*, 2. Auflage, Berlin 2015.
- Roland Barthes: *Die Sprache der Mode*, 9. Auflage, Frankfurt a. M. 2014.
- Alexander Becker/Matthias Vogel (Hg.): *Musikalischer Sinn. Beiträge zu einer Philosophie der Musik*, Frankfurt a. M. 2007.
- Umberto Eco: *Kunst und Schönheit im Mittelalter*, 8. Auflage, München 1998.
- Erika Fischer-Lichte: *Semiotik des Theaters*, 3 Bände, 5. Auflage, Tübingen 2007–09.
- Sigmund Freud: *Die Traumdeutung*, 13. Auflage, Frankfurt a. M. 2007.
- Nelson Goodman: *Die Sprachen der Kunst. Entwurf einer Symboltheorie*, 6. Auflage, Frankfurt a. M. 2010.
- Helene Karmasin: *Produkte als Botschaften*, 3. Auflage, München 2004.
- Peter Koch und Sybille Krämer (Hg.): *Schrift, Medien, Kognition. Über die Exteriorität des Geistes*, 2. Auflage, Tübingen 2009.
- Martin Krampen: *Geschichte der Straßenverkehrszeichen*, Tübingen 1988.
- Martin Kuckenburg: *Eine Welt aus Zeichen. Die Geschichte der Schrift*, Darmstadt 2015.
- Juri Lotman: *Die Struktur literarischer Texte*, 4. Auflage, München 1993.
- William J. T. Mitchell: *Bildtheorie*, Frankfurt a. M. 2008.
- Charles W. Morris: *Pragmatische Semiotik und Handlungstheorie*, Frankfurt a. M. 1977.
- Hermann Sottong/Michael Müller: *Zwischen Sender und Empfänger. Eine Einführung in die Semiotik der Kommunikationsgesellschaft*, Berlin 1998.
- Jakob von Uexküll: *Theoretische Biologie*, Neuauflage, Frankfurt a. M. 1973.
- Peter Zima (Hg.): *Textsemiotik als Ideologiekritik*, 2. Auflage, Frankfurt a. M. 2015.

Zum Autor

Christian Schön lebt und arbeitet als freier Autor in Berlin. Der Germanist und Linguist schreibt zu Themen der Literatur, der Semiotik und der Digitalisierung. 2016 erschien von ihm im Metzler Verlag die *Illustrierte Geschichte der deutschen Literatur*.

Bildnachweis

Colourbox: 2, 19, 53, 57, 68, 97, 103, 105, 114, 116, 120; picture alliance/United Archives/WHA: 7, 9, 100; NASA/JPL-Caltech: 11; picture alliance/empics/PA Wire: 13 (Lauren Hurley); picture alliance/akg-images: 14, 21, 26/27, 35, 38, 42, 45, 55, 63, 93, 94, 98, 102, 106, 109 (Marion Kalter), 118, 131, 133, 140, 145 (Erich Lessing), 151 (Maxime Champion); fotolia: 23 (stokkete), 29 (Haider Azim), 34 (arfo), 41 (babimu), 52 (lassedesignen), 56 (Berchtesgaden), 59 (von Lieres), 61 (apfelweile), 65 (kikkerdirk), 66 (Schmutzler-Schaub), 69 (Zerbor), 70 (jarek106), 71 (dominikabg), 72 (snyGGG), 76 (Ric-Pic), 76/77 (adam121), 80 (muehlberg), 81 (korionov), 84 (ftlaudgirl), 86 (ollega), 87 (lucadp), 124 (hjschneider), 129 (elgreko), 139 (Trifonenko Ivan), 146 (tournee), 149 (Heconimo); picture alliance/AP Photo/: 28 (Francois Mori), 117 (Boris Grdanoski); Wikimedia Commons: 31 (FranksValli), 60 (Jüppsche~commonswiki); picture alliance/Heritage Images/Fine Art Images: 33, 99, 104, 122; Wellcome Images: 36; picture alliance/Heritage Images/The Print Collector: 37; picture alliance/Leemage: 48 (Bianchetti), 85 (Effigie), 127 (Bianchetti), 147 (Effigie); akg-images/picture alliance: 49, 74; picture alliance/WILDLIFE: 64 (K. Bogon), 89 (D. Harms); picture alliance/360-berlin/Jens Knappe: 79; picture alliance/dpa – Fotoreport: 83 (Bernd Thissen), 130 (Lehtikuva Avikainen); picture alliance/Mary Evans Picture Library: 90; picture alliance: 110, 142 (Ton Koene); picture alliance/dpa – Bildarchiv: 111; picture alliance/dpa: 113 (Daniel Kalker), 137 (Paul Zinken); picture alliance/dpa – Bildfunk: 115 (Karlheinz Schindler); picture alliance/blickwinkel: 123 (fotototo), 148 (C. Leithold); picture alliance/maxppp: 125 (Costa); picture alliance/abaca: 132 (Dennis Van Tine); picture alliance/dpa – Report: 135 (Uwe Anspach); picture alliance/dpa Themendienst: 143 (Andrea Warnecke); picture alliance/CPA Media: 152.

Gedruckt auf chlorfrei gebleichtem, säurefreiem und alterungsbeständigem Papier

Bibliografische Information der Deutschen Nationalbibliothek
Die Deutsche Nationalbibliothek verzeichnet diese Publikation in der Deutschen Nationalbibliografie; detaillierte bibliografische Daten sind im Internet über http://dnb.d-nb.de abrufbar.

ISBN 978-3-476-02663-7

Lizenzausgabe für J.B. Metzler Verlag, Stuttgart
© 2016 Palmedia Publishing Services GmbH, Berlin

www.metzlerverlag.de
info@metzlerverlag.de

Einbandgestaltung: Finken & Bumiller, Stuttgart
Gestaltung, Grafiken und Satz: Felgner & Zierke, Berlin
Druck und Bindung: Gorenjski Tisk, Kranj, Slowenien

Printed in Slovenia